JN085576

2025

TIS の
就活ハンドブック

就職活動研究会 編
JOB HUNTING BOOK

は じ め に

　2021年春の採用から，1953年以来続いてきた，経団連（日本経済団体連合会）の加盟企業を中心にした「就活に関するさまざまな規定事項」の規定が，事実上廃止されました。それまで卒業・修了年度に入る直前の3月以降になり，面接などの選考は6月であったものが，学生と企業の双方が活動を本格化させる時期が大幅にはやまることになりました。この動きは2022年春そして2023年春へと続いております。

　また新型コロナウイルス感染者の増加を受け，新卒採用の活動に対してオンラインによる説明会や選考を導入した企業が急速に増加しました。採用環境が大きく変化したことにより，どのような場面でも対応できる柔軟性，また非接触による仕事の増加により，傾聴力というものが新たに求められるようになりました。

　『会社別就職ハンドブックシリーズ』は，いわゆる「就活生向け人気企業ランキング」を中心に，当社が独自にセレクトした上場している一流・優良企業の就活対策本です。面接で聞かれた質問にはじまり，業界の最新情報，さらには上場企業の株主向け公開情報である有価証券報告書の分析など，企業の多角的な判断・研究材料をふんだんに盛り込みました。加えて，地方の優良といわれている企業もラインナップしています。

　思い込みや憧れだけをもってやみくもに受けるのではなく，必要な情報を収集し，冷静に対象企業を分析し，エントリーシート作成やそれに続く面接試験に臨んでいただければと思います。本書が，その一助となれば幸いです。

　この本を手に取られた方が，志望企業の内定を得て，輝かしい社会人生活のスタートを切っていただけるよう，心より祈念いたします。

就職活動研究会

Contents

第1章

TISの会社概況

会社によって選考方法は千差万別。面接で問われる内容や採用スケジュールもバラバラだ。採用試験ひとつとってみても，その会社の社風が表れていると言っていいだろう。ここでは募集要項や面接内容について過去の事例を収録している。

また，志望する会社を数字の面からも多角的に研究することを心がけたい。

✔ 企業理念

Mission　ムーバーとして、未来の景色に鮮やかな彩りを

ミッションは、TIS インテックグループが果たすべき社会的役割であり、TIS インテックグループの存在意義です。ここに掲げた「ムーバー」とは、世の中を新しい世界へと動かしていくモノやコト、システムを生み出す人のことです。つまり TIS インテックグループおよび TIS インテックグループ構成員のことです。TIS インテックグループはデジタル技術を駆使したムーバーとして、未来のまだ見ぬ景色の中に、社会を魅了する斬新な可能性や選択肢の提供によって 鮮やかな彩りをつける 存在でありたいと考えています。

Style　オネストというスタイル

企業行動のもっともベースとなるあり方は「オネスト」ー正直、誠実であることと考えています。なぜなら、オネストは信頼のための不可欠な要件であり、ステークホルダーとの価値交換の大前提となるものだからです。TIS インテックグループでは、オネストの他「オープン」「パイオニアリング」などのスタイルを大切にしています。これらは TIS インテックグループ経営の意思決定から企業活動全体にまで貫こうとする私たちの信念でもあります。

Policy　人のためにあること

TIS インテックグループがもっとも大切にしている経営政策は「人のためにあること」です。なぜなら企業は人の集まりであり、企業を取り巻くステークホルダーもまた人だからです。人を忘れた経営からは良質な企業活動は決して生まれません。他にも、良き社会の一員として社会規範や社会の期待のさらに上を歩むことを徹底する「社会を超えること」や、合目的的経営を目指す「目的に向かうこと」などを主たる経営政策としています。

Membership　良き社会のメンバー

メンバーシップとは、TIS インテックグループ構成員の行動指針です。そこでは「良き社会のメンバーとして」、および「意思と意見を表すメンバーとして」「進化を担うメンバーとして」の振る舞いがあげられています。たとえば「良き社会のメンバーとして」は、TIS インテックグループ構成員である以前に良き社会の一員であることを求めたものです。また、他の2つの指針においては人間らしく自分の存在をアピールし、個性・能力を存分に発揮することを願っているものです。

企業とは　良き社会のメンバー

企業の目的についてはさまざまな考え方があり、どのように定めるかによって企業経営は大きく変わります。TIS インテックグループでは「企業は社会の公器」との考え方をベースに、企業はステークホルダーと「価値交換を通して社会の期待や人びとの幸せに貢献 する幸せ追求の社会システム 」と定義しています。このような、企業はステークホルダー、ひいては社会のために存在するものであるという考えが TIS インテックグループの企業活動の根底に流れています。

成長とは　成長 - ミッションに向かって

TIS インテックグループでは「ミッションの実現性の向上」と、ステークホルダーとの「価値交換性の向上」の 2 つを成長と定義しています。「ミッションの実現性の向上」とは、TIS インテックグループが掲げるミッションの実現度が高まること。それはすなわち TIS インテックグループの社会における存在意義が大きくなることを意味します。また「価値交換性の向上」とは、TIS インテックグループとステークホルダーとが交換する価値の質・量の増強、言い換えれば価値交換における互いの満足度が大きくなることです。TIS インテックグループはこれら 2 つの本質的な成長を目指しています。

✔ 会社データ

創業	1971年4月28日
設立	2008年4月1日
資本金	100億円
本店	〒160-0023 東京都新宿区西新宿8丁目17番1号
従業員	連結：21,946名　単体：5,695名 （2023年3月31日時点）
売上高	連結：508,400百万円　単体：238,140百万円 （2023年3月期）

2023年10月現在

✔ 募集要項

掲載している情報は過去ものです。
最新の情報は各企業のHP等を確認してください。

募集要項	2024年3月までに国内外の4年制以上の大学学部・修士・博士課程を卒業・修了（見込み）の方。 ※学部・学科不問 ※既卒の方で就業経験が3年未満の方もご応募いただけます。
採用職種	システムエンジニア 営業
募集学部・学科	全学部・全学科
初任給	学士卒 月給250,000円 修士了 月給267,000円
諸手当	住宅手当、子育て手当、通勤手当、時間外手当、年末年始特別出勤手当
賞与	年2回
昇給	年1回
勤務地	東京、名古屋、大阪など ＊柔軟な働き方 フレックス勤務制度（コアタイム無し、1日の最低労働時間2時間） テレワーク勤務制度（テレワーク日数上限なし、全社員が利用可能）
勤務時間	9:00～17:30（所定勤務時間:7時間30分） ＊勤務間インターバル制度 社員の健康を守り、継続的に安定した集中力やパフォーマンスを発揮するために、勤務間インターバル時間（11時間）を守るよう就業規則に明記

休日休暇	土・日曜日（完全週休２日制）、祝日、年末年始
	＊ライフステージサポート
	リフレッシュ休暇
	リフレッシュ休暇と年次有給休暇を活用し、年に１度は連続１０日の休暇取得を奨励
	●仕事と育児の両立に関する取り組み
	妊活休暇・妊活休職・妊活のための勤務時間短縮制度・マタニティー休暇・育児休業・子の看護休暇・育児のための短時間勤務制度・マタニティーサポート休暇（パートナーの妊娠期間中５日有休）
	●仕事と介護の両立に関する取り組み
	介護休暇・介護休業・介護のための短時間勤務制度
加入保険	健康保険、厚生年金保険、雇用保険、労災保険、団体生命保険、長期団体所得補償保険
諸制度	財形貯蓄制度、従業員持株制度、退職金制度、産休・育児休業・介護休業制度、短時間勤務制度（妊娠・育児・介護）、在宅勤務制度、借上寮・社宅、健康診断（人間ドック費用補助）、ヘルスキーパー（企業内理療師）サービス、TISカジュアル、プレミアムフライデー実施など
厚生サービス レクリエーション	契約保養所（全国各地）、福利厚生パッケージサービス 親睦会（当社の親睦団体文化・体育活動）、クラブ活動各種
教育研修	階層別研修（内定者教育・新人研修含む）、職種／グレード別研修（ヒューマン／テクニカル）、各種e-learning

✔ 採用の流れ （出典：東洋経済新報社「就職四季報」）

エントリーの時期	【総・技】３月～７月
採用プロセス	【総・技】説明会（必須，３月～）→ES提出・適性検査（３月～）→個人面接（６月～）→最終面接（６月～）→内々定
採用実績数	(表参照)
採用実績校	【文系】 明治大学，立教大学，青山学院大学，関西大学，法政大学，中央大学，関西学院大学，同志社大学，早稲田大学，成城大学，武蔵大学　他 【理系】 明治大学，関西大学，東京都市大学，東京理科大学，立命館大学，関西学院大学，芝浦工業大学，大阪大学，筑波大学，中央大学，東京農業大学，名古屋大学　他

	大卒男	大卒女	修士男	修士女
2022年	156 （文：97 理：56)	84 （文：66 理：18)	31 （文：0 理：31)	10 （文：3 理：7)
2023年	149 （文：97 理：52)	78 （文：67 理：11)	42 （文：5 理：37)	9 （文：6 理：3)

✔ 受験者情報

面接で自身を最大限発揮できるように面接経験の積み重ねが大事だと思います。

システムエンジニア職 2023卒

エントリーシート

・形式：採用ホームページから記入
・内容：アピールできる実績，TISへの志望理由，IT分野における特筆すべき経験や学習実績，そのレベルについて

セミナー

・選考とは無関係
・服装：全くの普段着
・内容：オンデマンド型のオンライン説明会

筆記試験

・形式：Webテスト
・科目：SPI（数学，算数／国語，漢字／性格テスト）

面接（個人・集団）

・雰囲気：和やか
・回数：5回
・質問内容：学生時代に頑張ったこと，チームで成し遂げた経験，挫折経験，自分の強み・弱み，TISに興味を持ったきっかけ，研究について，逆質問

内定

・拘束や指示：内々定の承諾期限以外は特になし
・通知方法：電話
・タイミング：予定より早い

▶ その他受験者からのアドバイス

・早めに採用人数を確保して採用活動を終わっていた。
・やや内々定の承諾意思を決定する期間が短かった。
・面接以外において，企業とコミュニケーションを取る手段が少ない。

自身の経験やスキルをどの点でどのように活かすことができるかを明確にする必要があると思います。

技術職 2023卒

エントリーシート
・形式：採用ホームページから記入
・内容：・現時点で興味のある職種を選択。入社5年後に活躍しているイメージに近いものは何か。

セミナー
・選考とは無関係
・内容：説明会はなく，全てweb上で視聴しエントリーまで進んだ

筆記試験
・形式：Webテスト
・科目：SPI（数学，算数／国語，漢字）

面接（個人・集団）
・雰囲気：和やか
・回数：2回
・質問内容：・自己紹介，学生時代力を入れたこと，困難に直面した経験と，それをどう乗り越えたか，志望動機，IT技術に関する経験，知識，DXに関する知識，入社して何をしたいか，日本のDX化を推進するためにはどうしたら良いか

内定
・拘束や指示：特になし
・通知方法：メール
・タイミング：予定通り

● その他受験者からのアドバイス
・全選考がオンラインで進められた点が非常に良かった
・一次面接後の合否連絡に1～2週間ほど時間がかかったため，就職活動の予定が思うように進まなかった

✔ 有価証券報告書の読み方

01 部分的に読み解くことからスタートしよう

　「有価証券報告書（以下，有報）」という名前を聞いたことがある人も少なくはないだろう。しかし，実際に中身を見たことがある人は決して多くはないのではないだろうか。有報とは上場企業が年に1度作成する，企業内容に関する開示資料のことをいう。開示項目には決算情報や事業内容について，従業員の状況等について記載されており，誰でも自由に見ることができる。

　一般的に有報は，証券会社や銀行の職員，または投資家などがこれを読み込み，その後の戦略を立てるのに活用しているイメージだろう。その認識は間違いではないが，だからといって就活に役に立たないというわけではない。就活を有利に進める上で，お得な情報がふんだんに含まれているのだ。ではどの部分が役に立つのか，実際に解説していく。

■有価証券報告書の開示内容

　では実際に，有報の開示内容を見てみよう。

有価証券報告書の開示内容

第一部【企業情報】
　　第1　【企業の概況】
　　第2　【事業の状況】
　　第3　【設備の状況】
　　第4　【提出会社の状況】
　　第5　【経理の状況】
　　第6　【提出会社の株式事務の概要】
　　第7　【提出会社の状参考情報】
第二部【提出会社の保証会社等の情報】
　　第1　【保証会社情報】
　　第2　【保証会社以外の会社の情報】
　　第3　【指数等の情報】

有報は記載項目が統一されているため，どの会社に関しても同じ内容で書かれている。このうち就活において必要な情報が記載されているのは，第一部の第1【企業の概況】～第5【経理の状況】まで，それ以降は無視してしまってかまわない。

02 企業の概況の注目ポイント

　第1【企業の概況】には役立つ情報が満載。そんな中，最初に注目したいのは，冒頭に記載されている【主要な経営指標等の推移】の表だ。

回次		第25期	第26期	第27期	第28期	第29期
決算年月		平成24年3月	平成25年3月	平成26年3月	平成27年3月	平成28年3月
営業収益	(百万円)	2,532,173	2,671,822	2,702,916	2,756,165	2,867,199
経常利益	(百万円)	272,182	317,487	332,518	361,977	428,902
親会社株主に帰属する当期純利益	(百万円)	108,737	175,384	199,939	180,397	245,309
包括利益	(百万円)	109,304	197,739	214,632	229,292	217,419
純資産額	(百万円)	1,890,633	2,048,192	2,199,357	2,304,976	2,462,537
総資産額	(百万円)	7,060,409	7,223,204	7,428,303	7,605,690	7,789,762
1株当たり純資産額	(円)	4,738.51	5,135.76	5,529.40	5,818.19	6,232.40
1株当たり当期純利益	(円)	274.89	443.70	506.77	458.95	625.82
潜在株式調整後1株当たり当期純利益	(円)	—	—	—	—	—
自己資本比率	(%)	26.5	28.1	29.4	30.1	31.4
自己資本利益率	(%)	5.9	9.0	9.5	8.1	10.4
株価収益率	(倍)	19.0	17.4	15.0	21.0	15.5
営業活動によるキャッシュ・フロー	(百万円)	558,650	588,529	562,763	622,762	673,109
投資活動によるキャッシュ・フロー	(百万円)	△370,684	△465,951	△474,697	△476,844	△499,575
財務活動によるキャッシュ・フロー	(百万円)	△152,428	△101,151	△91,367	△86,636	△110,265
現金及び現金同等物の期末残高	(百万円)	167,525	189,262	186,057	245,170	307,809
従業員数〔ほか，臨時従業員数〕	(人)	71,729〔27,746〕	73,017〔27,312〕	73,551〔27,736〕	73,329〔27,313〕	73,053〔26,147〕

　見慣れない単語が続くが，そう難しく考える必要はない。特に注意してほしいのが，**営業収益**，**経常利益**の二つ。営業収益とはいわゆる**総売上額**のことであり，これが企業の本業を指す。その営業収益から営業費用（営業費（販売費＋一般管理費）＋売上原価）を差し引いたものが**営業利益**となる。会社の業種はなんであれ，モノを顧客に販売した合計値が営業収益であり，その営業収益から人件費や家賃，広告宣伝費などを差し引いたものが営業利益と覚えておこう。対して経常利益は営業利益から本業以外の損益を差し引いたもの。いわゆる金利による収益や不動産収入などがこれにあたり，本業以外でその会社がどの程度の力をもっているかをはかる絶好の指標となる。

■会社のアウトラインを知れる情報が続く。

　この主要な経営指標の推移の表につづいて,「会社の沿革」,「事業の内容」,「関係会社の状況」「従業員の状況」などが記載されている。自分が試験を受ける企業のことを,より深く知っておくにこしたことはない。会社がどのように発展してきたのか,主としている事業はどのようなものがあるのか,従業員数や平均年齢はどれくらいなのか,志望動機などを作成する際に役立ててほしい。

03 事業の状況の注目ポイント

　第2となる【事業の状況】において,最重要となるのは**業績等の概要**といえる。ここでは1年間における収益の増減の理由が文章で記載されている。「〇〇という商品が好調に推移したため,売上高は△△になりました」といった情報が,比較的易しい文章で書かれている。もちろん,損失が出た場合に関しても包み隠さず記載してあるので,その会社の1年間の動向を知るための格好の資料となる。

　また,業績については各事業ごとに細かく別れて記載してある。例えば鉄道会社ならば,①運輸業,②駅スペース活用事業,③ショッピング・オフィス事業,④その他といった具合だ。**どのサービス・商品がどの程度の売上を出したのか**,会社の持つ展望として,今後**どの事業をより活性化**していくつもりなのか,などを意識しながら読み進めるとよいだろう。

■「対処すべき課題」と「事業等のリスク」

　業績等の概要と同様に重要となるのが,「**対処すべき課題**」と「**事業等のリスク**」の2項目といえる。ここで読み解きたいのは,その会社の**今後の伸びしろ**について。いま,会社はどのような状況にあって,どのような課題を抱えているのか。また,その課題に対して取られている対策の具体的な内容などから経営方針などを読み解くことができる。リスクに関しては法改正や安全面,他の企業の参入状況など,会社にとって決してプラスとは言えない情報もつつみ隠さず記載してある。客観的にその会社を再評価する意味でも,ぜひ目を通していただきたい。

　次代を担う就活生にとって,ここの情報はアピールポイントとして組み立てやすい。「新事業の〇〇の発展に際して……」,「御社が抱える●●というリスクに対して……」などという発言を面接時にできれば,面接官の心証も変わってくるはずだ。

　最後に注目したいのが，第5【経理の状況】だ。ここでは，簡単にいえば【主要な経営指標等の推移】の表をより細分化した表が多く記載されている。ここの情報をすべて理解するのは，簿記の知識がないと難しい。しかし，そういった知識があまりなくても，読み解ける情報は数多くある。例えば**損益計算書**などがそれに当たる。

連結損益計算書

(単位：百万円)

	前連結会計年度 (自 平成26年4月1日 至 平成27年3月31日)	当連結会計年度 (自 平成27年4月1日 至 平成28年3月31日)
営業収益	2,756,165	2,867,199
営業費		
運輸業等営業費及び売上原価	1,806,181	1,841,025
販売費及び一般管理費	※1 522,462	※1 538,352
営業費合計	2,328,643	2,379,378
営業利益	427,521	487,821
営業外収益		
受取利息	152	214
受取配当金	3,602	3,703
物品売却益	1,438	998
受取保険金及び配当金	8,203	10,067
持分法による投資利益	3,134	2,565
雑収入	4,326	4,067
営業外収益合計	20,858	21,616
営業外費用		
支払利息	81,961	76,332
物品売却損	350	294
雑支出	4,090	3,908
営業外費用合計	86,403	80,535
経常利益	361,977	428,902
特別利益		
固定資産売却益	※4 1,211	※4 838
工事負担金等受入額	※5 59,205	※5 24,487
投資有価証券売却益	1,269	4,473
その他	5,016	6,921
特別利益合計	66,703	36,721
特別損失		
固定資産売却損	※6 2,088	※6 1,102
固定資産除却損	※7 3,957	※7 5,105
工事負担金等圧縮額	※8 54,253	※8 18,346
減損損失	※9 12,738	※9 12,297
耐震補強重点対策関連費用	8,906	10,288
災害損失引当金繰入額	1,306	25,085
その他	30,128	8,537
特別損失合計	113,379	80,763
税金等調整前当期純利益	315,300	384,860
法人税、住民税及び事業税	107,540	128,972
法人税等調整額	26,202	9,326
法人税等合計	133,742	138,298
当期純利益	181,558	246,561
非支配株主に帰属する当期純利益	1,160	1,251
親会社株主に帰属する当期純利益	180,397	245,309

　主要な経営指標等の推移で記載されていた**経常利益**の算出する上で必要な営業外収益などについて，詳細に記載されているので，一度目を通しておこう。
　いよいよ次ページからは実際の有報が記載されている。ここで得た情報をもとに有報を確実に読み解き，就職活動を有利に進めよう。

✔ 有価証券報告書

企業の概況

1 主要な経営指標等の推移

（1） 連結経営指標等

回次		第11期	第12期	第13期	第14期	第15期
決算年月		2019年3月	2020年3月	2021年3月	2022年3月	2023年3月
売上高	（百万円）	420,769	443,717	448,383	482,547	508,400
経常利益	（百万円）	38,603	46,070	39,257	55,710	63,204
親会社株主に帰属する当期純利益	（百万円）	26,034	29,411	27,692	39,462	55,461
包括利益	（百万円）	16,814	23,911	38,573	37,481	47,746
純資産	（百万円）	234,408	247,957	279,429	302,993	309,226
総資産	（百万円）	370,657	382,899	451,072	476,642	462,320
1株当たり純資産額	（円）	906.60	963.42	1,078.60	1,173.60	1,227.44
1株当たり当期純利益	（円）	102.61	116.78	110.51	157.69	227.11
潜在株式調整後1株当たり当期純利益	（円）	—	—	—	—	—
自己資本比率	（％）	62.0	63.3	60.0	61.5	64.2
自己資本利益率	（％）	11.5	12.5	10.8	14.0	18.8
株価収益率	（倍）	17.0	15.3	23.9	18.2	15.4
営業活動によるキャッシュ・フロー	（百万円）	37,558	38,569	33,345	56,126	33,634
投資活動によるキャッシュ・フロー	（百万円）	△1,213	△26,437	△17,522	△3,424	11,300
財務活動によるキャッシュ・フロー	（百万円）	△16,773	△14,544	12,484	△21,948	△64,573
現金及び現金同等物の期末残高	（百万円）	57,083	54,684	82,924	113,820	94,306
従業員数 （外、平均臨時雇用者数）	（人）	19,483 (2,124)	19,744 (2,081)	21,817 (2,060)	21,709 (2,101)	21,946 (1,943)

（注） 1．「潜在株式調整後1株当たり当期純利益」については，潜在株式が存在しないため記載しておりません。

2．「1株当たり純資産額」の算定上，第11期〜第15期はTISインテックグループ従業員持株会信託口が保有する当社株式を，第11期〜第15期においては役員報酬BIP信託口が保有する当社株式を，期末発行済株式総数から控除する自己株式に含めております。

(point) 主要な経営指標等の推移

数年分の経営指標の推移がコンパクトにまとめられている。見るべき箇所は連結の売上，利益，株主資本比率の3つ。売上と利益は順調に右肩上がりに伸びているか，逆に利益で赤字が続いていたりしないかをチェックする。株主資本比率が高いとリーマンショックなど景気が悪化したときなどでも経営が傾かないという安心感がある。

3. 「1株当たり当期純利益」の算定上，第11期～第15期はTISインテックグループ従業員持株会信託口が保有する当社株式を，第11期～第15期においては役員報酬BIP信託口が保有する当社株式を，期中平均株式数の計算において控除する自己株式に含めております。

4. 当社は2020年4月1日を効力発生日として普通株式1株につき3株の割合で株式分割を行っております。これに伴い，第11期の期首に当該株式分割が行われたと仮定して，「1株当たり純資産額」及び「1株当たり当期純利益」を算定しております。

5. 「収益認識に関する会計基準」（企業会計基準第29号 2020年3月31日）等を第14期の期首から適用しており，第14期以降に係る主要な経営指標等については，当該会計基準等を適用した後の指標等となっております。

(2) 提出会社の経営指標等 ···

回次		第11期	第12期	第13期	第14期	第15期
決算年月		2019年3月	2020年3月	2021年3月	2022年3月	2023年3月
売上高	（百万円）	181,070	196,661	199,354	222,986	238,140
経常利益	（百万円）	23,364	27,866	33,282	38,833	41,599
当期純利益	（百万円）	19,167	19,618	27,279	33,563	40,323
資本金	（百万円）	10,001	10,001	10,001	10,001	10,001
発行済株式総数	（千株）	87,789	87,789	263,367	251,160	244,445
純資産	（百万円）	200,424	203,786	227,995	242,920	228,815
総資産	（百万円）	292,697	307,775	368,578	396,315	362,079
1株当たり純資産額	（円）	791.28	810.25	909.17	972.59	945.52
1株当たり配当額	（円）	70.00	90.00	35.00	44.00	50.00
（うち1株当たり中間配当額）		(20.00)	(30.00)	(11.00)	(13.00)	(15.00)
1株当たり当期純利益	（円）	75.54	77.90	108.87	134.12	165.12
潜在株式調整後1株当たり当期純利益	（円）	―	―	―	―	―
自己資本比率	（%）	68.5	66.2	61.9	61.3	63.2
自己資本利益率	（%）	9.7	9.7	12.6	14.3	17.1
株価収益率	（倍）	23.1	22.9	24.3	21.5	21.1
配当性向	（%）	30.9	38.5	32.1	32.8	30.3
従業員数	（人）	5,506	5,680	5,838	5,469	5,695
株主総利回り	（%）	126.1	131.2	194.5	214.5	261.7
（比較指標：配当込みTOPIX）	（%）	(95.0)	(85.9)	(122.1)	(124.6)	(131.8)
最高株価	（円）	2,013 (6,040)	2,440 (7,320)	2,670	3,630	4,320
最低株価	（円）	1,353 (4,060)	1,348 (4,045)	1,723	2,466	2,693

（注）1. 当社は2020年4月1日を効力発生日として普通株式1株につき3株の割合で株式分割を行っております。これに伴い発行済株式総数は175,578,196株増加しております。
2. 「潜在株式調整後1株当たり当期純利益」については，潜在株式が存在しないため記載しておりません。
3. 「1株当たり純資産額」の算定上，第11期～第15期はTISインテックグループ従業員持株会信託口が保有する当社株式を，第11期～第15期においては役員報酬BIP信託口が保有する当社株式を，期末発行済株式総数から控除する自己株式に含めております。
4. 「1株当たり当期純利益」の算定上，第11期～第15期はTISインテックグループ従業員持株会信託口が保有する当社株式を，第11期～第15期においては役員報酬BIP信託口が保有する当社株式を，期中平均株式数の計算において控除する自己株式に含めております。
5. 最高株価及び最低株価は東京証券取引所（市場第一部）におけるものであり，分割前の株価を括弧内に記載しております。
6. 当社は2020年4月1日を効力発生日として普通株式1株につき3株の割合で株式分割を行っております。これに伴い，第11期の期首に当該株式分割が行われたと仮定して，「1株当たり純資産額」及び「1株当たり当期純利益」を算定しております。
7. 「収益認識に関する会計基準」（企業会計基準第29号　2020年3月31日）等を第14期の期首から適用しており，第14期以降に係る主要な経営指標等については，当該会計基準等を適用した後の指標等となっております。

2 沿革

年月	沿革
2007年12月	・TIS株式会社と株式会社インテックホールディングス（以下，「両社」という。）が株主総会の承認を前提として，株式移転により両社の完全親会社となる共同持株会社を設立し，経営統合することにつき，各取締役会において決議の上，基本合意。
2008年4月	・両社が共同株式移転の方法により，当社（ITホールディングス株式会社）を設立。 ・当社の普通株式を東京証券取引所市場第一部に上場。
2008年10月	・TIS株式会社の保有する子会社9社（株式会社ユーフィット，株式会社アグレックス，クオリカ株式会社，AJS株式会社，株式会社エス・イー・ラボ，TISトータルサービス株式会社，TISリース株式会社，BMコンサルタンツ株式会社，TISソリューションビジネス株式会社）の全株式について，当社を承継会社とする吸収分割を実施。上記9社を当社の直接の子会社とする。
2009年3月	・株式会社エス・イー・ラボの完全子会社化のため，同社株券等に対する公開買付けを通じ，同社に対する議決権所有割合を51.0％（間接保有を含む。）から94.0％とする。
2009年4月	・グループ各社のバックオフィス業務のシェアードサービスを提供する子会社「ITサービスフォース株式会社」を設立。

2009年6月	・株式会社エス・イー・ラボの完全子会社化が完了。
2009年7月	・株式会社エス・イー・ラボとTISソリューションビジネス株式会社が経営統合し、「ネオアクシス株式会社」を設立。
2009年10月	・株式会社インテックが株式会社インテックホールディングスを吸収合併。
2009年12月	・「ソラン株式会社」を完全子会社化し経営統合するため、同社株式に対する公開買付けを通じ、子会社化（議決権所有割合91.5％）。
2010年4月	・ソラン株式会社の完全子会社化が完了。 ・株式会社インテックの保有する子会社2社（株式会社アイ・ユー・ケイ、中央システム株式会社）の全株式について、当社を承継会社とする吸収分割を実施。上記2社を当社の直接の子会社とする。 ・当社の保有するTISトータルサービス株式会社の全株式について、TIS株式会社を承継会社とする吸収分割を実施。TISトータルサービス株式会社をTIS株式会社の子会社とする。
2011年2月	・株式会社ユーフィットを完全子会社化。
2011年4月	・TIS株式会社がソラン株式会社、及び株式会社ユーフィットを吸収合併。
2012年2月	・東京本社を新宿区西新宿に移転するとともに、当社を含むグループ会社計9社の東京地区の事業拠点を同所に集約。
2012年10月	・当社の保有する株式会社アイ・ユー・ケイの全株式について、株式会社インテックを承継会社とする吸収分割を実施。株式会社アイ・ユー・ケイを株式会社インテックの子会社とする。
2013年1月	・当社の保有するBMコンサルタンツ株式会社の全株式について、TIS株式会社を承継会社とする吸収分割を実施。BMコンサルタンツ株式会社をTIS株式会社の子会社とするとともに「TISビジネスコンサルタンツ株式会社」に商号変更。
2013年11月	・中央システム株式会社を簡易株式交換により完全子会社化。
2014年4月	・TISリース株式会社がリース事業撤退の方針に基づき、リース資産売却の上で解散。
2014年6月	・グループのコーポレートロゴマークを統一するとともに、ブランドメッセージ「Go Beyond」を制定。
2014年12月	・株式会社アグレックスの完全子会社化のため、同社株式等に対する公開買付けを通じ、同社に対する議決権所有割合を93.3％とする。
2015年3月	・株式会社アグレックスの完全子会社化が完了。
2016年4月	・TIS株式会社と株式会社インテックの間で事業の一部再配置を実施。
2016年7月	・当社が完全子会社であるTIS株式会社を吸収合併し、事業持株会社体制へ移行するとともに、当社の商号をITホールディングス株式会社からTIS株式会社に変更。

 沿革

　どのように創業したかという経緯から現在までの会社の歴史を年表で知ることができる。過去に行った重要なM&Aなどがいつ行われたのか、ブランド名はいつから使われているのか、いつ頃から海外進出を始めたのか、など確認することができて便利だ。

2017年5月	・2026年に目指す企業像を「Create Exciting Future」と定めた新たなグループビジョンを策定。
2019年1月	・グループ基本理念「OUR PHILOSOPHY」を策定。
2020年2月	・Sequent Software Inc.（米国）を子会社化。
2020年4月	・当社EDI事業の株式会社インテックへの承継を実施。
2020年10月	・持分法適用会社であるMFEC Public Company Limited（タイ王国）を，同社株式に対する公開買付けを通じて子会社化。
2021年2月	・グループのCIロゴ及びブランドメッセージを刷新し，新ブランドメッセージを「ITで，社会の願い叶えよう。」とする。
2021年3月	・東京地区におけるグループの主要拠点を2つの基幹オフィスに移転・集約するため，豊洲オフィスを開設。
2021年4月	・当社の中央官庁・自治体等行政機関向け事業の一部を株式会社インテックへ承継。
2021年11月	・中央システム株式会社の発行済全株式をグループ外へ譲渡。
2022年4月	・当社のグループシェアードサービス事業を吸収分割によりTISトータルサービス株式会社へ承継するとともに「TISビジネスサービス株式会社」に商号変更。 ・東京証券取引所の市場区分見直しに伴い，プライム市場に移行。
2023年3月	・当社の保有するSequent Software Inc.（米国）の全株式をグループ外へ譲渡。
2023年4月	・日本ICS株式会社を完全子会社化。

3 事業の内容

　当社グループは，主として当社，連結子会社50社及び持分法適用会社74社で構成されています。主な業務は，情報化投資に関わるアウトソーシング業務・クラウドサービス，ソフトウエア開発，ソリューションの提供であり，これらの業務に関連するコンサルティング業などの業務も行っております。また，管理事業など付帯関連する業務についてもサービスを提供しております。

　当社グループの事業内容と連結子会社並びに持分法適用会社の当該事業に係る位置づけを報告セグメントの区分で示すと次のとおりであります。当社は，オファリングサービス，金融IT，産業ITの各セグメントにおいて，グループの中心となって事業を展開しています。

　なお，オファリングサービス，BPM，金融IT，産業IT，広域ITソリューショ

ンは，「第5 経理の状況1 連結財務諸表等（1）連結財務諸表 注記事項」に掲げる報告セグメントの区分と同一であります。

また，当連結会計年度より報告セグメントの区分を変更しております。詳細は，「第5 経理の状況1 連結財務諸表等（1）連結財務諸表 注記事項（セグメント情報等）」に記載のとおりであります。

（1）　オファリングサービス ·······································

当社グループに蓄積したベストプラクティスに基づくサービスを自社投資により構築し，知識集約型ITサービスを提供しております。

〔主な連結子会社〕

TISシステムサービス株式会社，MFEC Public Company Limited

（2）　BPM ··

ビジネスプロセスに関する課題をIT技術，業務ノウハウ，人材などで高度化・効率化・アウトソーシングを実現・提供しております。

〔主な連結子会社〕

株式会社アグレックス

（3）　金融IT ···

金融業界に特化した専門的なビジネス・業務ノウハウをベースとして，事業・IT戦略を共に検討・推進し，事業推進を支援しております。

（4）　産業IT ···

金融以外の産業各分野に特化した専門的なビジネス・業務ノウハウをベースとして，事業・IT戦略を共に検討・推進し，事業推進を支援しております。

〔主な連結子会社〕

クオリカ株式会社，AJS株式会社

（5）　広域ITソリューション ·····································

ITのプロフェッショナルサービスを地域や顧客サイトを含み，広範に提供し，

(point) **事業の内容**

会社の事業がどのようにセグメント分けされているか，そして各セグメントではどのようなビジネスを行っているかなどの説明がある。また最後に事業の系統図が載せてあり，本社，取引先，国内外子会社の製品・サービスや部品の流れが分かる。ただセグメントが多いコングロマリットをすぐに理解するのは簡単ではない。

そのノウハウをソリューションとして蓄積・展開して，課題解決や事業推進を支援しております。
〔主な連結子会社〕
株式会社インテック，TISソリューションリンク株式会社

(6)　その他 ···

各種ITサービスを提供する上での付随的な事業等で構成されています。
〔主な連結子会社〕
TISビジネスサービス株式会社，ソランピュア株式会社
以上述べた事項を事業系統図によって示すと次のとおりであります。

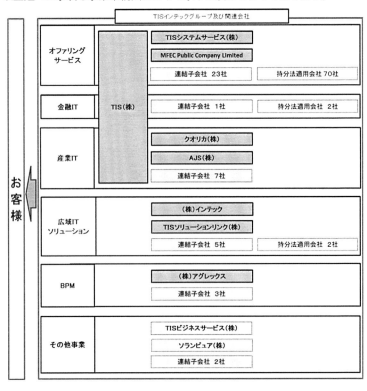

（1） 連結子会社 ···

名称	住所	資本金又は出資金（百万円）	主要な事業の内容	議決権の所有割合又は被所有割合(%)	関係内容
(株)インテック(注)1, 2	富山県富山市	20,830	ソフトウエア、システムインテグレーション、ネットワーク、アウトソーシング、ITコンサルティング	100.0	システム開発を委託グループ経営に関する契約を締結役員の兼任あり
(株)アグレックス(注)2	東京都新宿区	1,292	ビジネスプロセスアウトソーシング、ソフトウエアソリューション、システムインテグレーション	100.0	BPO業務を委託グループ経営に関する契約を締結
クオリカ(株)(注)2	東京都新宿区	1,234	ソフトウエア開発、運用・サービス、コンピュータ機器販売	80.0	システム開発を委託
AJS(株)	東京都新宿区	800	ソフトウエア開発、運用・サービス、コンピュータ機器販売	51.0	システム開発を委託
TISソリューションリンク(株)(注)2	東京都新宿区	230	ソフトウエア開発、オペレーションシステム	100.0	システム開発を委託グループ経営に関する契約を締結役員の兼任あり
TISシステムサービス(株)	東京都新宿区	100	システムオペレーション	100.0	システム開発を委託役員の兼任あり
MFEC Public Company Limited(注)2, 3	タイ王国バンコク都	441百万タイバーツ	ITサービス、システムインテグレーション	49.0	
TISビジネスサービス(株)	東京都新宿区	50	セキュリティシステム事業スタッフサービス事業等	100.0	総務、調達業務等を委託
ソランピュア(株)	東京都新宿区	65	清掃業	100.0	清掃業務を委託役員の兼任あり
その他41社					

(注) 1. 株式会社インテックについては，売上高（連結会社相互間の内部売上高を除く）の連結売上高に占める割合が10%を超えております。主な損益状況は以下のとおりです。

　　　（株）インテック　① 売上高　　　113,208百万円　　　④ 純資産額　　91,583百万円
　　　　　　　　　　　　② 経常利益　　 14,822百万円　　　⑤ 総資産額　　136,504百万円
　　　　　　　　　　　　③ 当期純利益　 11,113百万円

(point) 関係会社の状況

主に子会社のリストであり，事業内容や親会社との関係についての説明がされている。特に製造業の場合などは子会社の数が多く，すべてを把握することは難しいが，重要な役割を担っている子会社も多くある。有報の他の項目では一度も触れられていない場合が多いので，気になる会社については個別に調べておくことが望ましい。

2. 特定子会社に該当しております。

3. 議決権の所有割合は100分の50以下ではありますが，実質的に支配しているため子会社としたものであります。

（2） 持分法適用関連会社 ·······································

名称	住所	資本金 (百万円)	主要な事業の内容	議決権の所有 割合又は被所 有割合(%)	関係内容
PT Anabatic Technologies Tbk	インドネシア共和国バンテン州	231,536 百万 インドネシア ルピア	銀行勘定系システムの提供、システムインテグレーション、ビジネスプロセスアウトソーシング等	37.3	転換社債型新株予約権付社債を取得
上海訊聯数据服務有限公司 (CardInfoLink)	中国上海市	15,970 千 人民元	各種決済領域におけるプロセシング事業	18.1	
エム・ユー・ティ・ビジネスアウトソーシング(株)	愛知県北名古屋市	1,150	ソフトウエア開発・販売、関連技術サービスの提供	49.0	
(株)プラネット (注)1, 2, 3, 4	東京都港区	436	化粧品・日用品業界VAN	0.1 (0.1) [15.7]	
その他　70社					

(注) 1. 関連会社の議決権に対する所有割合欄の（　）内は間接所有割合で内数となっております。

2. 関連会社の議決権に対する所有割合欄の[ ]内は緊密な者の所有割合で外数となっております。

3. 議決権の所有割合は100分の20未満ではありますが，実質的な影響力を持っているため関係会社としたものであります。

4. 有価証券報告書の提出会社となります。

5 従業員の状況

（1） 連結会社の状況 ‥‥‥‥‥‥‥‥‥‥‥‥‥‥‥‥‥‥‥‥‥‥‥‥‥‥

2023年3月31日現在

セグメントの名称	従業員数（人）
オファリングサービス	5,683 (176)
ＢＰＭ	2,580 (1,106)
金融ＩＴ	1,921 (10)
産業ＩＴ	3,810 (72)
広域ＩＴソリューション	7,303 (469)
報告セグメント計	21,297 (1,833)
その他	649 (110)
合計	21,946 (1,943)

(注) 1. 従業員数は就業人員数であります。
2. 従業員数欄の（外書）は，臨時従業員の年間平均雇用人員であります。

（2） 提出会社の状況 ‥‥‥‥‥‥‥‥‥‥‥‥‥‥‥‥‥‥‥‥‥‥‥‥‥‥

2023年3月31日現在

従業員数（人）	平均年齢	平均勤続年数	平均年間給与（千円）
5,695	40歳5カ月	14年6カ月	7,517

(注) 1. 従業員数は就業人員数であります。
2. 平均年間給与は，基準外賃金及び賞与を含んでおります。

（3） 労働組合の状況 ‥‥‥‥‥‥‥‥‥‥‥‥‥‥‥‥‥‥‥‥‥‥‥‥‥‥

　当社及び連結子会社における労使関係について特に記載すべき事項はありません。

1 経営方針，経営環境及び対処すべき課題等

当社グループの経営方針，経営環境及び対処すべき課題等は以下のとおりであります。

文中の将来に関する事項は，当連結会計年度末現在において当社グループが判断したものであります。

（1） 経営方針 ……………………………………………………………………

（基本理念）

当社グループでは，グループ共通の価値観として，グループ基本理念「OUR PHILOSOPHY」を策定し，公表しています。「OUR PHILOSOPHY」は，グループの経営，企業活動，役員や社員などの構成員において，大切にする考え方やあり方を幅広く明確化しており，当社グループのすべての営みはこの「OUR PHILOSOPHY」を軸に行われます。当社グループは，社会に対して果たすべき役割として，「デジタル技術を駆使したムーバーとして，未来の景色に鮮やかな彩りをつける」存在を目指してまいります。

また，当社グループではグループビジョンを定めており，TISインテックグループの全員で共有し，一人ひとりが日常業務の中で実践することで，TISインテックグループが目指す理想の実現及び更なる企業価値の向上を目指してまいります。

（グループビジョン）

① **目指す企業像**

「Create Exciting Future」をグループ共通の価値観として，先進技術・ノウハウを駆使しビジネスの革新と市場創造を実現します。顧客からは戦略パートナーとして頼りにされ，既成業界・市場の変革に常にチャレンジし，新たな市場を創造するイノベーターとなることを目指します。

② **戦略ドメイン**

目指す企業像を実現すべく，4つの戦略ドメインを定義しました。

ストラテジックパート ナーシップビジネス	業界トップクラスの顧客に対して、業界に関する先見性と他社が追随できない ビジネス・知見を武器として、事業戦略を共に検討・推進し、ビジネスの根幹 を担う。
ＩＴオファリングサー ビス	当社グループに蓄積したノウハウと、保有している先進技術を組み合わせるこ とで、顧客より先回りしたＩＴソリューションサービスを創出し、スピーディ ーに提供する。
ビジネスファンクショ ンサービス	当社グループに蓄積した業界・業務に関する知見を組み合わせ、先進技術を活 用することにより、顧客バリューチェーンのビジネス機能群を、先回りしてサ ービスとして提供する。
フロンティア市場創造 ビジネス	当社グループが保有する技術・業務ノウハウ、顧客基盤を活かして、社会・業 界の新たなニーズに応える新市場/ビジネスモデルを創造し、自らが事業主体と なってビジネスを展開する。

(2)　経営戦略等 ···

　市場環境において，企業の成長や競争力強化のためにDX（デジタルトランス
フォーメーション）といわれるデジタル技術を活用した業務プロセスの変革やビ
ジネスモデルの変革に対しての活動が今まで以上に拡大しています。この状況に
対して，グローバルのITプラットフォーマーやコンサルティングファームの躍進
など，IT市場における競争は大きく変動しております。

　当社グループはIT業界のリーディングカンパニーとして，豊かな未来社会実現
の一翼を担う企業グループを目指し，中期経営計画（2021-2023）を策定しまし
た。本中期経営計画では「Be a Digital Mover 2023」をスローガンに，グループ
ビジョン2026の達成に向けた成長加速のため，DX提供価値の向上を基軸とした，
事業構造転換の実現に取り組んでまいります。

(3)　経営上の目標の達成状況を判断するための客観的な指標等 ··················

　当社グループでは，DX提供価値の向上を基軸とした事業構造転換にて事業の
継続的な拡大と企業価値のさらなる向上を目指しております。中期経営計画
（2021-2023）では「売上高5,000億円」「営業利益（営業利益率）580億円
（11.6％）」「EPS（1株当たり当期純利益）の年平均成長率10％超」「戦略ドメ
イン比率60％」「社会課題解決型サービス事業売上高500億円」を掲げています。

(4)　経営環境 ···

　新型コロナウイルス感染症による厳しい状況が徐々に緩和され，新たな労働環

境が浸透する中で，先行きについては，世界経済の不透明化に伴う供給面での制約や原材料価格の動向による下振れリスクなど，多くの事柄を注視する必要があります。

　このような中，当社グループは国内市場においてはペイメント領域を中心に，事業の重要な企業インフラを構築し，かつ安定的に支え，柔軟な対応によりスピーディなサービス提供の遂行を通じて成長してきました。また，更に事業を飛躍的に加速させる力となりうるのが，グローバルでのバリューチェーン連携だと認識し，海外のスピード感を取り入れ，日本における当社グループの強みを組み合わせることで，グローバルにおける競争力と当社の優位性のあるポジションを確立してまいりました。

　当社グループが更なる持続的な成長を実現するためには，国内の既存事業領域における優位性をより高め，加えて社会課題解決につながる新規事業の創生と開拓が必要と認識しております。

(5)　優先的に対処すべき事業上及び財務上の課題 ……………………………

　当社グループは，全方位のステークホルダーとの価値交換を通じて，継続的な事業拡大と持続可能な社会の実現を目指し，当社グループのミッションである「デジタル技術を駆使したムーバーとして，未来の景色に鮮やかな彩りをつける」を体現すべく，顧客や社会のデジタル化に向けた課題に対する戦略立案から解決策の実行まで一気通貫の価値提供を目指し，さらには社会課題解決の実現を目指してまいります。

　実現に向けて注力すべき取組みとして，「DX提供価値の向上」「グローバル事業の拡大」「人材の先鋭化・多様化」「経営マネジメントの高度化」の4つを設定しています。

① DX提供価値の向上

　DX領域に関しては，国内トップレベルのペイメント領域をはじめ，データアナリティクス，AI・ロボティクス，ヘルスケア，エネルギーマネジメントなどグループに培われた強みを中心として，お客様の業務プロセス改革やインフラ改革，さらにはビジネス自体の革新まで，事業パートナーとしてお客様の事業の成長を支

(point) **従業員の状況**

　主力セグメントや，これまで会社を支えてきたセグメントの人数が多い傾向があるのは当然のことだろう。上場している大企業であれば平均年齢は40歳前後だ。また労働組合の状況にページが割かれている場合がある。その情報を載せている背景として，労働組合の力が強く，人数を削減しにくい企業体質だということを意味している。

え，その期待に応える DX 提供価値を向上してまいります。この DX 提供価値の向上に必要な取り組みとして「ステークホルダーとの共創促進」「DX コンサルティング機能強化」「IT デリバリーの強化」を設定しています。

　ステークホルダーとの共創促進においては，業種・業界において豊富なノウハウと経営基盤をお持ちの企業と，当社グループで培ってきた業務ノウハウやデリバリー力を強固に組み合わせて，展開力を強化し事業を推進してまいります。

　また，社会課題，経営課題に応える構想力として，DX を推進展開するための戦略立案や課題形成に上流領域のコンサルティング機能が重要ととらえ，戦略的な経営資源配置と人材育成を推進してまいります。

　そして，それらを実現するためのソリューションを提供する実装力については，スピーディーな対応とコストの最適化に継続的に取り組んでまいります。

② グローバル経営の深化と拡張

　「ASEAN トップクラスの IT 企業連合体」の組成（FY2026 におけるグローバル事業の連結売上高 1,000 億円）を目指し，「チャネル」と「テクノロジー」という 2 つを軸とした戦略的投資によるアライアンスを最大限活用するとともに，それぞれの持つ強みを融合させた事業展開と ASEAN を面でカバーできる連携力の構築・強化による事業領域拡大を推進しています。こうした中，連結子会社である

---

point **業績等の概要**

　この項目では今期の売上や営業利益などの業績がどうだったのか，収益が伸びたあるいは減少した理由は何か，そして伸ばすためにどんなことを行ったかということがセグメントごとに分かる。現在，会社がどのようなビジネスを行っているのか最も分かりやすい箇所だと言える。

MFEC Public Company Limitedは，タイ国内エンタープライズ向けITソリューション提供のリーディングプレイヤーである地位を活かし，タイ国内事業は好調に進展しています。また，当社とのソリューションクロスセル及び金融を中心とした日系深耕の強化も進んでおり，共同での大型案件の受注といった実績も出始めています。また，東南アジア最大のデジタルペイメントプラットフォームを展開するGrab Holdings Inc.をはじめとした海外企業との戦略的パートナーシップ関係では，当社海外事業会社間の協業が本格化しており，東南アジアおよび日本でのデジタルペイメントのインフラ強化や新たな決済技術の開発にも共同で取り組んでいます。引き続き，ASEAN各国のパートナーとのアライアンスを強化し，最先端技術や破壊的テクノロジーを活用することで，グローバルでITオファリングサービス，フロンティア市場創造ビジネスを拡大してまいります。

　また，全世界においてコンサルティングとテクノロジーの融合が進み，従来のITプレイヤーにとっては競合として脅威となりつつあることを踏まえ，「コンサルティング」を新たな軸として追加し，バリューチェーンの拡充による「コンサルティング+IT」プレイヤーとしてのプレゼンスとケイパビリティを強化するとともに，NextASEANの開拓にも注力し，グローバル事業の展開を加速させてまいります。

Channel
・タイ、インドネシアに続き、マレーシア、ベトナム、フィリピンを中心にASEANの事業基盤を主要国で構築すべく投資を推進

・強みであるBanking & Finance、Payment領域を核としたパートナシップ網の拡充

ASEAN・CN・US +IN

Management Consulting
・バリューチェーン拡充による「コンサルティング+IT」プレイヤーとしてのプレゼンスとケイパビリティの強化

X-Tech
・世界最先端の領域特化型技術やサービスを有する企業へ積極的に投資

・ターゲット領域はFinTechに加え、HRTech、HealthTech、MobilityTechを中心にサービスラインナップの拡充を図る

Emerging Tech
・中長期視野で破壊的テクノロジーに対するR&Dを各国有力企業・大学・政府機関などと協働で推進

・5つの破壊的テクノロジーである、Robotics/IoT、Blockchain、Data Analytics、Neural Network、Quantum Computingへ投資

グローバル事業の拡大とガバナンスを実現する人材基盤の強化
（プロフェッショナルグローバル人材の獲得と育成）

③ 人材の先鋭化・多様化

　社員と会社の価値交換性の継続的な高度化を実現するために，個の多様化と先鋭化に着目した人材戦略を推進してまいります。多様な個が活躍できる環境・組織風土の整備，新たな労働環境を見据えた次世代の働き方改革の推進，人材データベースのデジタル化による人材ポートフォリオマネジメントの高度化などを通して，社員のエンゲージメント向上に取り組んでまいります。またコンサルティング，グローバル，サービスビジネスなど，先鋭人材の戦略的な確保と育成に努めるとともに，最適配置を進めてまいります。

　当社では以前より人材を最重要の経営資本として，人材に対する先行投資を積極的に推進してきました。現中期経営計画における人材戦略では「働く意義」「働く環境」「報酬」の３つの軸で社員エンゲージメントを高める人材投資を進めており，2023年４月から導入する新人事制度によって「働く意義」と「報酬」の改革をさらに推し進めます。新人事制度では，報酬・評価・等級制度を全面的に刷新し，会社と社員と社会の高付加価値化の善循環を生みだすことで当社のさらなる成長と，成長を実現する内外の優秀人材の確保に努めてまいります。

④ 経営マネジメントの高度化

　当社は，グループ基本理念「OUR PHILOSOPHY」を確固たる軸として，事業活動を通じた社会課題の解決と社会要請に対応した経営高度化によるステークホルダーとの価値交換性の向上を図り，持続可能な社会への貢献と持続的な企業価値向上の両立を目指すサステナビリティ経営を推進しています。

＜TISインテックグループの目指すサステナビリティ経営の全体像＞

グループ基本理念「OUR PHILOSOPHY」

[Mission] ムーバーとして、未来の景色に鮮やかな彩りを

コーポレートサステナビリティ基本方針

マテリアリティ（重要課題）

1．多様な人材が生き生きと活躍する社会を　　2．イノベーション・共創を通じ、社会に豊かさを

3．高品質なサービスを通じ、社会に安全を　　4．コーポレートガバナンスを高め、社会から信頼を

事業活動を通じた社会課題の解決
（貢献可能と特定した社会課題）
・金融包摂　　　　　　・都市への集中・地方の衰退
・低・脱炭素化　　　　・健康問題

ステークホルダーとの価値交換性向上

社会要請に対応した経営高度化
・循環型社会への寄与
・ステークホルダーエンゲージメントの持続的向上
・社会からの信頼を高めるガバナンスの継続的追求

持続可能な社会への貢献　　　　　　持続的な企業価値向上

　これまで，当社グループはコーポレートサステナビリティ委員会の設置，マテリアリティの特定，解決を目指す４つの社会課題の特定など，サステナビリティ経営の高度化に向けた実行体制を整えるとともに，コーポレート・サステナビリティ基本方針に基づき喫緊の重要な社会課題として優先度の高いテーマである人権や環境に関する取り組みを進めてまいりました。今後はこうした取り組みを継続することに加えて，当社グループの直接的な企業活動のみならず，バリューチェーン全体で当社グループの企業活動を見つめ直していくことが重要な課題であると認識しており，サステナビリティ経営のさらなる深化を通じてサステナビリティ先進企業としてのプレゼンスの確立を目指すべく，マネジメント体制を強化してまいります。

　また，不確実性の高まる環境の中においても持続的な成長を実現するために，経営基盤の整備・強化を継続的に推進してまいります。セグメントオーナーを設置して権限と責任の所在を明確化し，グループ各社の強みを活かした成長戦略の実現を推進するとともに，資本コストを意識した事業マネジメントや国内外の企業のＭ＆Ａを通じた事業ポートフォリオの入れ替えによる最適なグループフォーメーションの追求，グループ間接業務のシェアード化を含む本社機能のさらなる高度化・効率化に取り組んでいます。加えて，将来の成長に資する成長投資（ソ

フトウェア投資，人材投資，研究開発投資，M＆A・出資等）を積極的に実行していく中で適正リターンを獲得するための投資マネジメントの高度化も推進してまいります。

　同時に，企業価値向上と認知度向上への取り組みの一環として，テレビCMや広告媒体への記事掲載等の戦略的なブランド活動も継続してまいります。現時点においても当社グループの認知度向上やそれに応じた効果が社員の働きがいや採用面で得られる等，成果は着実に表れ始めていますが，今後もコーポレートブランドをベースとしたサービスブランドの訴求強化等を目的として引き続き取り組んでまいります。

2　サステナビリティに関する考え方及び取組

（1）　戦略

　当社グループは，社会の動向やステークホルダーからの期待，当社グループらしさを踏まえた企業成長等への重要性の観点から，マテリアリティ（重要課題）を特定しております。このマテリアリティを基礎として，中期経営計画を策定し，中期経営計画の達成を通じてその実現に取り組んでまいります。

＜TISインテックグループのマテリアリティ＞

(2) ガバナンス

当社のサステナビリティ経営体制は，コーポレートサステナビリティ委員会を通して，潮流を捉え，サステナビリティに関する課題を議論し，注力すべき課題の選定と対応の方向性が取締役会にて示されます。この課題設定と方向性は，経営会議等を通じて執行側に示され，執行側にてその企画や計画を経営会議で審議した後，取締役会を通じて策定されます。またその執行も，取締役会を通じてモニタリング，監督されます。

コーポレートサステナビリティ委員会は，コーポレートサステナビリティの最高責任者（議長），取締役，監査役，コーポレートサステナビリティ推進責任者，企画本部長，企画部長により構成されます。

＜TISインテックグループのサステナビリティー経営体制＞

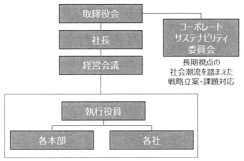

(3) リスク管理

サステナビリティ関連リスクは，サステナビリティ推進の専任部署が常に情報を収集し，全社のリスク管理プロセスおよび，コーポレートサステナビリティ委員会を通じて半年に一度リスク評価を行っています。

さらに，ステークホルダーの期待や影響度，当社グループらしさやグループの成長への寄与の観点から，マテリアリティの特定の基礎となる課題の重要性マトリクスを作成しており，毎年1回コーポレートサステナビリティ委員会にて状況と課題の有無を確認します。

（4） 指標と目標 ···

　当社グループでは，事業を通じて社会課題解決に貢献していき，社会要請に応える経営高度化を推進することでステークホルダーとの価値交換性を向上してまいります。この推進状況をマネジメントすべく，当社グループではステークホルダーとの価値交換性に経済指標を加えた形で指標値を定めており，以下の定量および定性指標を設定しております。

	指標	23年3月期実績		目標
中期経営計画 重点指標	EPS成長率	2年CAGR 43% （2021年3月期→2023年3月期）		3年CAGR 10%超 （2021年3月期→2024年3月期）
	ROE	18.8%（*1）	2024年3月期	13.7%
	営業利益	623億円	2024年3月期	635億円
	営業利益率	12.3%	2024年3月期	12.0%
	社会課題解決型サービス事業売上	486億円	2024年3月期	500億円
価値交換性	働きがい満足度	58%	2024年3月期	62%
	顧客・サービス満足度	59%	2024年3月期	60%
	ビジネスパートナー満足度	74%	2024年3月期	81%
環境	GHG排出量 Scope1	481t - CO2(見込値)	2040年	カーボンニュートラル(Scope1/2)
	GHG排出量 Scope2	53,100t - CO2(見込値)	2050年	ネットゼロ (Scope1/2/3)
ガバナンス	政策保有株式	B/S純資産比率 8.9%		B/S純資産比率10%以下・段階的縮減
	重大なセキュリティインシデント件数	0件		0件
	コンプライアンス遵守			経営の土台として継続的な啓発・浸透施策を実施し
	基本理念の浸透			その受講浸透・浸透をモニタリング

（5） サステナビリティに関する重要なテーマへの対応方針

　本テーマについても本章記載の「ガバナンスとリスク管理」の枠組みにて実効性を確保しているため，以下に戦略と方針，および指標と目標について記載いたします。

① 人材の多様性，および社内環境整備に関する方針

　生産人口の減少や労働市場の流動化が進み，変化する社会において，高度IT技術者や経験豊富な人材を保有することが重要と考えています。多様な人材が自律的なキャリアを描き，高い活力とエンゲージメントをもって，新たな価値創造を行える環境を作ることによって，当社グループの競争力の維持拡大と，社会課題解決に向けたグループ総合力を高めてまいります。

a. 戦略と方針

　「ジェンダー」「国籍」「職歴や経験」「障害の有無」「年齢」「性的指向性・性

自認」「価値観や働き方」他の違いに関わらず，いきいきと活躍できる風土醸成の
ため，積極的な登用，育成，制度・インフラを整備し，多様な個性を持った人材
が意見の多様性を活かし，新たな価値を創造する状態を目指してまいります。
（イ）　多様性の確保に向けた人材育成方針

　　多様な人材が活躍する「働きがいのある職場」を目指し，組織マネジメント
　の高度化を促進します。また，一人ひとりの社員が多様な経験から学び，成長
　を支援するため，積極的な教育投資や成長支援制度の整備を行っています。
（ロ）　多様性の確保に向けた社内環境整備方針

　　社員一人ひとりの働く意識，生活環境，業務環境の違いに注目し，多様な人
　材が自律したプロフェッショナルとしての能力を最大限に発揮できる職場環境
　を目指します。働き方改革を推進し，「多様な働くニーズ」に応えるオフィスや
　インフラ，人事制度・ルールなど，柔軟に働くための環境整備を進めます。

b.　指標と目標

自発的な　　　　多様な
貢献意欲　⬌　人材の活躍　⬌　ウェルビーイング　⬌　キャリア開発

働きがい満足度	女性管理職比率	アブセンティズム	学習日数／人
2023年3月期 58%	2023年3月期 10.9%	2023年3月期 1.0	2023年3月期 14.2日
2024年3月期 目標 62%	2024年3月期 目標 11.2%	2024年3月期 目標 1.1以下	2024年3月期 目標 9日以上

社員との価値交換性の向上

[指標の定義]
　　働きがい満足度：全社員への意識調査において，問「総合的にみて，"働きが
　　　　　　　　　　いのある会社"だと言える」に対し，肯定的な回答をした社
　　　　　　　　　　員の割合
　　女性管理職比率：管理職（正社員）に占める女性従業員の割合
　　アブセンティズム：（休業者数（フィジカル＋メンタル）-復職者数 - 退職者数）
　　　　　　　　　　　／ 期末在籍社員数*100により算出
　　学習日数／人：従業員一人当たりの年間学習研修日数の平均値
　　※開示の範囲：働きがい満足度はTIS及びインテック，　女性管理職比率，ア

② **気候変動への対応方針**

当社グループは，グループ基本理念であるOUR PHILOSOPHYに基づき「コーポレート・サステナビリティ基本方針」を策定し，その項目の一つとして「地球環境の保全」を定めています。

地球環境問題の中でも，とりわけ重要度が増している気候変動への対応について，事業活動からの温室効果ガス排出削減，事業活動を通じた気候変動対応の推進の両面から取り組みを進め，当社グループの社会的責任を果たすとともに，社会との協働の機会獲得を目指します。

a. 戦略と方針

（イ） カーボンニュートラル宣言

脱炭素社会の実現に向け，事業活動に伴う温室効果ガス排出量の削減に取り組み，2040年度までに当社グループ自らの温室効果ガス排出量のカーボンニュートラル，および2050年度までにバリューチェーン全体の温室効果ガス排出量のネットゼロの実現を目指します。

当社グループは，地球環境問題の中でもとりわけ重要度が増している気候変動への対応に向け，その原因とされる温室効果ガスの排出量削減の重要性を認識し，脱炭素に向けて取り組んできました。そして，当社グループにおいて最大量の電力を使用するデータセンター運営において，2023年4月より主要4データセンターの全使用電力に再生可能エネルギー由来の電力を使用していくことを決定しています。

（ロ） 気候変動のリスクと財務影響及び機会

当社グループは，2021年6月に気候関連財務情報開示タスクフォース（TCFD）への賛同を表明しており，TCFDの求めている基礎項目について情報開示しております。

気候関連リスクとその財務影響については，IEA等の科学的根拠等に基づき，4℃シナリオと1.5℃シナリオを用いて，2050年までを考慮したシナリオ分析を実施し，評価しております。

＜気候関連のリスクと財務影響＞

No.	リスク分類	短期	中期 1〜3年	長期 4〜20年	2030年 財務影響	財務影響 概要
1	GHG削減結果に関連したリスク	—	移行リスク(規制) ・エネルギー価格の上昇 ・地域条例による規制	移行リスク(評判) ・GHG削減達成できないことによる社会的信頼の低下や顧客離れ 移行リスク(規制) ・炭素税によるコスト増	8,010百万円 〜 8,810百万円	カーボンニュートラルの達成など厳しいGHG削減目標の達成により損失を回避できる可能性のある金額
2	GHG削減方法に関連したリスク	—	移行リスク(市場) ・再エネ購入コスト	移行リスク(市場) ・GHG削減や再エネ購入のコスト増	203百万円	GHG排出削減の過程で追加で必要となり得る費用
3	物理的影響リスク	—	物理リスク(急性) ・異常気象によるリスク増	物理リスク(慢性) ・気温上昇に伴うコスト増	20百万円	気候変動の物理的影響下で生じる可能性のある追加費用

＜気候関連の機会＞

No.	機会	時期	気候変動対応に伴い増加するニーズと対象	当社及び当社グループの対応
1	低・脱炭素化に対応のデータセンター及びクラウドサービス提供機会の増大	短期〜長期	各企業においてはオンプレミス・クラウドともにエネルギー効率の高いHWの利用や活用する電源が再エネ由来のものを使用する企業が増える。特に、RE100やTCFDで削減目標などを設定している企業から需要が拡大すると想定される。	TIGデータセンターの再エネ比率／エネルギー効率を高めていくことで、DCサービスの提供機会を拡大する。 現在の目標として、DCの再エネ比率を2030年度中に100%とすることを掲げている。 (TIS-DCでは、環境配慮型データセンターへの統合も併せ、再エネ導入比率を2025年度に100%とすることを目指す)
2	電力会社の環境改善や電力インフラ再設計でのシステム更改ニーズの増大	短期〜中期	日本の40%を占める発電所を中心としたエネルギー転換部門におけるGHG排出量を減らすべく、火力発電中心の社会から水力・風力・太陽光を中心とした再エネへの転換が急務。合わせて、分散化電源社会に合わせた送電・配電のネットワーク網の再構築・改修の需要が増えてくると考えられる。	30年来に渡るエネルギー会社との取引で培った業務ノウハウをもとに、エネルギー会社の発電・送電・配電のDX化や法制度変更に基づくシステム更改などを通じて、電力インフラやエネルギー会社の脱炭素化を間接的に実施中。
3	気候変動に関する新しいニーズに対応したITサービス／ソリューション提供機会の増大	短期〜長期	節エネ・創エネの代表格ともいえるVPPやエネルギー効率を自動的に制御するAI・IoT技術の利活用。更に見えない電源を見える化する各種ITサービスや気候変動リスクに対応したレジリエンスサービス等のニーズが増えてくると想定される。	当社の今後の強みとすべく、先行投資型開発やステークホルダーとの協業・共創により、デジタル技術を駆使した各種ITサービスを展開・企画開発する。VPPソリューションや企業向け非財務情報参照・点検サービスなどを展開、環境価値取引移転実証等新技術のビジネス実装にも積極的に取り組みを進める。

b. 指標と目標

　当社グループでは，気候関連リスクを管理するために，温室効果ガス排出量の削減を目標としております。気候関連のリスク評価にあたっては，温室効果ガス（GHG）排出量（SBT1.5℃認定を取得），財務影響を指標として用い，気候関連

の機会を評価する際には，市場規模，売り上げ等を参考値として用いております。

Scope 1 + 2　　：2040年度に2019年度比で100%削減

Scope 1 + 2 + 3：2050年度までにネットゼロを実現

3　事業等のリスク

有価証券報告書に記載した事業の状況，経理の状況等に関する事項のうち，経営者が連結会社の経営成績，財政状態，キャッシュ・フローの状況（以下，「経営成績等」という。）に重要な影響を与える可能性があると認識している主要なリスクは以下のとおりです。

なお，当社グループでは，「リスク」を「当社及びグループの経営理念，経営目標，経営戦略の達成を阻害するおそれのある経済的損失，事業の中断・停滞・停止や信用・ブランドイメージの失墜をもたらす要因」と定義するとともに，リスク管理規程に基づき，グループ全体のリスクを戦略リスク，財務リスク，ハザードリスク，オペレーショナルリスクに分類しています。

いずれのリスクも当社グループのリスク管理評価方法に基づき，リスク発生頻度と損害影響度の観点から総合的に勘案したものですが，個々の事象や案件の内容により，当該リスクが顕在化する可能性の程度や時期，当該リスクが顕在化した場合に経営成績等に与える影響の内容と影響度は異なるため，具体的な記載をすることは困難であることから，経営成績等に与える影響の詳細の記載を省略しています。

なお，文中における将来に関する事項は，有価証券報告書提出日現在において当社グループが判断したものです。

当社グループは，グループのリスクを適切に認識し，損失発生の未然防止に努めるため，リスク管理規程を制定しており，この規程に則り，グループ全体のリスク管理を統括するリスク管理担当役員を任命するとともに，リスク管理統括部門を設置し，リスク管理体制の整備を推進しています。また，リスク管理に関するグループ全体のリスク管理方針の策定・リスク対策実施状況の確認等を定期的に行うとともに，グループ会社において重大なリスクが顕在化したときには，対策本部を設置し，被害を最小限に抑制するための適切な措置を講ずることとして

います。

　また，リスク管理体制の整備の状況として，内部統制システムに関する基本方針及び各種規程等に基づき，グループ全体の内部統制の維持・向上に係る各種施策の推進を図るとともに，内部統制システムの整備及び運用状況のモニタリングを実施し，グループ内部統制委員会にて審議の上，取締役会に審議結果を報告するプロセスを整備しています。

＜リスクアセスメントプロセス＞

　グループの重点管理対象リスクに基づいて各グループ会社社長が作成したリスク方針（トップリスクダイレクション・重大リスク）と各部門で特定されているリスクの双方を評価します。その評価はグループ内部統制委員会においてグループ全体のリスクに係る課題の確認，改善施策の進捗状況として年2回審議され，取締役会へ報告されます。この報告に対する取締役会の指示は，グループ全体の内部統制システムの強化及び改善に反映されます。

＜リスク管理プロセス図＞

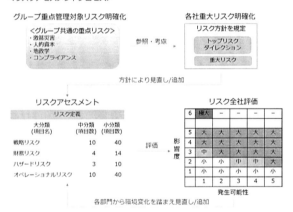

（1）　戦略リスク ··

①　人材について

　当社グループにおいて，人材は最も重要な経営資源であり，当社グループの事

業伸長は顧客に専門的で高付加価値のソリューションを提供する優秀な人材の確保，育成に大きく影響されることから，優秀な人材の確保，育成が想定通りに進まない場合は，当社グループの事業及び経営成績等に影響が生じる可能性があります。このため，当社グループでは事業や事業戦略実現に向けた構造転換をけん引する特定人材及び各事業領域で継続的に強化が必要な注力人材について，現状の状況を踏まえ，拡充すべき目標を人材ポートフォリオとして可視化し，人材獲得・成長を目的とした投資を強化しております。事業に合わせた人材戦略の実効性を高めるため，事業経営トップとビジネスや組織の課題を共有し，事業環境や課題に合わせた現場における人材獲得，育成，配置，組織風土改革，事業戦略の実現を支援する「HRビジネスパートナー機能」を強化するとともに，実行状況を把握・分析し，その遂行をサポートする「HRDX基盤の整備」を推進しています。あわせて，働き方改革・働きがい向上を目的として，多様な人材が活躍できる風土，人事制度，オフィス環境の整備等を通じて優秀な人材の確保に努めるとともに，資格取得支援，キャリア形成支援，研修制度の体系化のほか，教育日数を目標化する等，人材の育成に注力しております。

② **市場の変化について**

　当社グループのビジネスドメインの変化や社会が変化していく中で，社会が必要とする技術やサービスが大きく変化することが予想されます。そのため今後必要となっていく技術シードの把握が遅れ当社グループの技術やサービスの陳腐化が生じ，競争力が低下するおそれがあります。その変化に適切な対応をとることができず，当社グループの有する技術・ノウハウ等が陳腐化し，顧客の期待する高品質のサービスを提供できなくなる，または想定を超える価格競争に取り込まれる等，技術による競争優位性を失った場合当社グループの事業及び経営成績等に影響が生じる可能性があります。

　このため，当社グループでは，経営計画等において継続的に環境分析を実施して市場ニーズを把握し，提供するサービスの高付加価値化等による競合他社との差別化や情報技術や生産，開発技術等の調査，研究を不断に進めており，テクノロジーポートフォリオより開発競争力の持続的向上につながるコア技術の選定，研究開発の推進及び成果の展開を図るとともに，生産性の革新活動とDX提供価

値の向上，不採算案件の抑制や生産性の革新活動等対応を強化しております。

③ **投資について**

　当社グループでは，主として，事業伸長や先端技術の獲得を目的にベンチャーを含む国内外の企業への資本・業務提携に伴う出資，またはＭ＆Ａの実行，24時間365日稼働のアウトソーシング事業やクラウドサービス事業を展開するために用いるデータセンター等の大型IT設備に対する投資（初期構築のための設備投資及び安定的な維持・運用のための継続的な設備投資）及びサービス型事業推進のためのソフトウェアに対する投資を行っております。こうした投資は，事業環境の予期せぬ変化等により，計画した成果や資金回収が得られない場合または資産が陳腐化した場合には，当社グループの事業及び経営成績等に影響が生じる可能性があります。また，出資・Ｍ＆Ａ直後の企業先による不祥事・システム障害等が生じた場合，当社グループの信用・ブランドイメージの失墜や訴訟などの影響が生じる可能性があります。

　このため，当社グループでは，投資案件の内容により，取締役会，CVC投資委員会及び投資委員会等において，事業計画に基づく十分な検討を行った上で投資の意思決定をしており，また，投資実行後も定期的な事業計画の進捗確認を実施しております。加えて，大規模な資本提携先やＭ＆Ａを実施した企業に対しては，事業活動におけるリスクを事前に検証・検討した上で，必要な対応施策を継続的に打つとともに，役員派遣を行う等により状況が素早く把握できるように努めています。

④ **海外事業について**

　海外事業は，グローバル経済や為替の動向，投資や競争等に関する法的規制，商習慣，労使関係等，様々な要因の影響を受ける可能性があります。これらの要因の影響が予期しない形で顕在化した場合は，当社グループの事業及び業績等に影響が生じる可能性があります。

　当社グループは成長戦略の一環として，ASEANを中心とした海外事業の拡大のため，現地企業との資本・業務提携やＭ＆Ａを進めております。この出資の実施にあたっては，対象となる企業の業績や財政状態について詳細な審査を行っており，出資後は事業推進部門と経営企画部門が一体となってモニタリングを実施

して定期的に当社の取締役会等において報告を行っております。

　また，事業会社への人材派遣に加えて，当社においても専門組織である「グローバル財務企画室」を中心に海外子会社・関連会社に対するガバナンス強化の取り組みを進めております。

⑤　**海外事業について**

　海外事業は，グローバル経済や為替の動向，投資や競争等に関する法的規制，商習慣，労使関係等，様々な要因の影響を受ける可能性があります。これらの要因の影響が予期しない形で顕在化した場合は，当社グループの事業及び業績等に影響が生じる可能性があります。

　当社グループは成長戦略の一環として，ASEANを中心とした海外事業の拡大のため，現地企業との資本・業務提携やM＆Aを進めております。この出資の実施にあたっては，対象となる企業の業績や財政状態について詳細な審査を行っており，出資後は事業推進部門と経営企画部門が一体となってモニタリングを実施して定期的に当社の取締役会等において報告を行っております。

　また，事業会社への人材派遣に加えて，当社においても専門組織である「グローバル財務企画室」を中心に海外子会社・関連会社に対するガバナンス強化の取り組みを進めております。

⑥　**人権の尊重について**

　当社グループは自らの事業活動において，直接または間接的に特定のステークホルダーに負の影響を与える可能性があります。これらの事象が発生し明らかになることで当社グループの評判や信用を損失し，当社グループの事業及び経営成績等に影響が生じる可能性があります。

　当社グループは2011年6月に国連人権理事会で採択された「ビジネスと人権に関する指導原則」に基づき，当社グループの人権方針を制定しております。さらに，本方針に沿って，人権デューデリジェンスを推進することで，当社グループの事業活動が社会に与える負の影響を早期に把握・是正に向けた適切な対応をとることを目指しております。2022年度は，前年度特定した当社グループの事業に関係の深い潜在的人権リスクについて，その特定プロセスと詳細分析内容・対応方針を公開しました。今後，特定されたリスクについてより詳細な分析と対

応を進めてまいります。

⑦　**地政学リスクについて**

　戦争・内乱，政変・革命・テロ・暴動等により，国際社会の圧力，為替の動向，貿易問題，調達コストへの影響などが新たに発生した場合，当社グループの事業及び業績等に影響が生じる可能性があります。

　このような事象が生じた際には，速やかに当社グループへの影響を認識し，それぞれのリスクによる，損失発生の未然防止に努める活動を速やかに実施いたします。また，これにより事業継続に障害が生じるおそれが考えられる場合には適宜BCP計画に基づいた対策を実施いたします。2022年度は，海外駐在員の危機対応とオフショア取引が遮断した際の対応について検討しています。

⑧　**レピュテーショナルリスクについて**

　リスクが適切に管理できず社会に負の影響を及ぼした場合，または他社が社会におよぼした負の影響と当社の関連性が想起された場合，信用・ブランドイメージの失墜による事業の中断・停滞・停止や，顧客・ビジネスパートナーの剥落などの影響が生じる可能性があります。このリスクは，特に当社の事業の拡大や知名度の向上と比例して大きくなり，また速やかな管理が行えなかった場合にはグループの子会社で生じた事案でもグループ全体に波及する可能性があると考えています。そこで，当社グループではこのリスクに対して速やかに対応できるよう，グループ横断のエスカレーションシステムを構築し，危機発生時の対応マニュアルを準備しています。

(2)　**財務リスク** ┈┈┈┈┈┈┈┈┈┈┈┈┈┈┈┈┈┈┈┈┈┈┈┈┈┈┈┈┈┈┈┈┈┈┈┈┈

①　**保有有価証券について**

　当社グループでは，当社グループの持続的な成長と中長期的な企業価値の向上に資すると判断した場合に限り，取引先との安定的な提携関係・協力関係を通じた事業機会の継続的創出などを目的としてその企業の株式を保有します。また，短期の余資運用を目的として債券を保有することがあります。こうした有価証券は時価の著しい変動や発行体の経営状況の悪化等が生じた場合，会計上の損失処理を行う等により，当社グループの事業及び業績等に影響が生じる可能性があり

ます。

このため，保有有価証券については，発行体の財政状態や業績動向，格付状況等を把握し安全性を十分確認するとともに，保有継続の合理性を定期的に検証し，保有意義が希薄と判断した株式については，縮減を進めることを基本方針としています。

(3) ハザードリスク

① パンデミック（感染症・伝染病の世界的な大流行）について

パンデミックにより国内外問わず，行動制限が課せられるなど，当社グループの社員やビジネスパートナー企業の生産活動に大きな影響が生じた場合には，当社グループの事業及び経営成績等に影響が生じる可能性があります。

このため，当社グループでは，パンデミック発生時には，WHO（世界保健機構）や日本政府等の対応を適切に把握するとともに，事業継続計画に基づき，各事業所，データセンター等での衛生対策の強化や感染症発生地域への業務渡航の自粛等の対策を発生レベルに応じて講じています。また，在宅勤務を可能とする環境整備等を進め在宅勤務を前提とした業務手順で当社グループの重要事項の機関決定を含む業務を実施しています。

② 自然災害について

地球温暖化の進行によって，洪水を含む自然災害が従来と異なる場所や頻度で発生する可能性が高まっている中，大規模自然災害やそれに伴う想定を超える長期の停電等により，当社グループが事業展開しているデータセンター等の大型IT設備を用いたアウトソーシング事業やクラウドサービス事業に影響が生じる可能性があります。

このため，当社グループでは，事業継続計画に基づき，各データセンターにおいて各種災害に対して様々な設備環境を整備するとともに，旧来型のデータセンターを順次閉鎖し，免震構造，堅牢な防災設備，非常用自家発電機，燃料備蓄及び優先供給契約締結をはじめとした信頼性の高い電気設備を備えた最新鋭のデータセンターへの集約を進めています。さらに，BCP計画を作成しそれに基づき，備蓄品設置や訓練，出勤困難時への影響軽減のためのリモートワーク体制の

(point) **生産及び販売の状況**

生産高よりも販売高の金額の方が大きい場合は，作った分よりも売れていることを意味するので，景気が良い，あるいは会社のビジネスがうまくいっていると言えるケースが多い。逆に販売額の方が小さい場合は製品が売れなく，在庫が増えて景気が悪くなっていると言える場合がある。

確立及び業務フローのペーパーレス化等を推進して事業継続力を高めています。

(4) オペレーショナルリスク ·····························

① **システム開発について**

　当社グループは，顧客企業の各種情報システムに関する受託開発や保守等のシステム開発を中核事業の一つとして展開しております。システム開発が高度化・複雑化・短納期化する中，計画通りの品質を確保できない場合または開発期間内に完了しない場合にはプロジェクト完遂のための追加対応に伴って費用が想定を大きく上回るほか，顧客からの損害賠償請求等により，当社グループの事業及び経営成績等に影響が生じる可能性があります。

　このため，当社グループでは，ISO9001に基づく独自の品質マネジメントシステム「Trinity」に基づき，専任組織による提案審査やプロジェクト工程に応じたレビューを徹底し，継続的な品質管理の高度化や生産性の向上に取り組むとともに，グループ品質執行会議を通じた品質強化及び生産革新施策のグループ全体での徹底及び階層別教育の充実化等を通じた管理能力や技術力向上を図っております。

　また，システム開発にあたっては，生産能力の確保，生産効率化，技術力活用等のために国内外のビジネスパートナー企業に業務の一部を委託しています。その生産性や品質が期待に満たない場合には円滑なプロジェクト運営が実現できなくなり，当社グループの事業及び業績等に影響が生じる可能性があります。

　このため，当社グループでは，ビジネスパートナー企業との定期的な会合・アンケート等による状況の把握や関係強化を図り，国内外で優良なビジネスパートナー企業の確保等に努めています。

② **システム運用について**

　当社グループでは，データセンター等の大型IT設備を用いて，アウトソーシング事業やクラウドサービス事業を中核事業の一つとして展開しております。そのシステム運用においては，オペレーション上の人的ミスや機器・設備の故障等によって障害が発生し，顧客と合意した水準でのサービスの提供が実現できない場合，当社グループの事業及び経営成績等に影響が生じる可能性があります。

　このため，当社グループでは，ITIL（Information Technology Infrastructure

(point) 対処すべき課題

　　有報のなかで最も重要であり注目すべき項目。今，事業のなかで何かしら問題があればそれに対してどんな対策があるのか，上手くいっている部分をどう伸ばしていくのかなどの重要なヒントを得ることができる。また今後の成長に向けた技術開発の方向性や，新規事業の戦略についての理解を深めることができる。

Library）をベースにした保守・運用のフレームワークに基づき，継続的なシステム運用品質の改善を行うとともに，障害発生状況の確認・早期検知，障害削減や障害予防に向けた対策の整備・強化に努めています。

③　情報セキュリティについて

　当社グループでは，システム開発から運用に至るまで幅広く事業を展開する過程で，顧客企業が有する個人情報や顧客企業のシステム技術情報等の各種機密情報を取り扱う場合があります。これらの機密情報の漏洩や改竄等が発生した場合，顧客企業等から損害賠償請求や当社グループの信用失墜の事態を招き，当社グループの事業及び経営成績等に影響が生じる可能性があります。また，インターネットが社会インフラとして定着し，あらゆる情報が瞬時に広まりやすい現在，利用者の裾野が広がり利便性が増す一方で，サイバー攻撃等の外部からの不正アクセスによる事故やシステム障害のリスクが高まっています。このような事態に適切に対応できなかった場合，顧客等からの損害賠償請求や当社グループの信用失墜等の事態を招き，当社グループの事業及び経営成績等に影響が生じる可能性があります。

　このため，当社グループでは，グループ情報セキュリティ方針に基づき情報セキュリティマネジメントシステムを確立し，運営することで情報の適切な管理を行うとともに，社員への教育・研修を通じて意識向上に努めています。また，グループ情報セキュリティ推進規程に基づき，グループ全体の情報セキュリティ管理レベルの確認，評価，改善施策の推進を図るとともに，情報セキュリティに関する問題発生時には調査委員会を設置し，原因究明，対策の実施，再発防止策の推進等を含む問題解決に向けた責任体制等を整備しています。今期は，SOC（Security Operation Center），SIEM（Security Information and Event Management）を更改し，ゼロトラスト環境の全社・グループ展開を推進しました。

　当社グループが取り扱う個人情報について，個人情報保護法，個人番号及び特定個人情報取扱規程に基づき，グループレベルの管理体制を構築するとともに社員への教育・研修を通じて個人情報保護の重要性の認識を徹底した上で顧客情報の管理強化を図る等，適切な運用に努めています。また，在宅勤務の本格実施に

よるワークプレイスの多様化に対してゼロトラストを導入したセキュリティ対策を実施しています。なお，当社グループでは，当社をはじめとして，情報セキュリティマネジメントシステム（ISMS）やプライバシーマークを取得しています。

また，サイバー攻撃等に対しては，グループ全体でのCSIRT（Computer Security Incident ResponseTeam）体制を定義し，グループセキュリティ推進会議にて情報共有を実施するとともに，インシデントを早期に検知し，緊急対応を迅速かつ正確に行う為の組織内CSIRTとして「TIS-CSIRT」を運営しています。さらに，最新の攻撃手法やインシデントの発生状況等，セキュリティに関する広範な情報収集・情報分析・情報発信をはじめ，通信監視，緊急対応，外部連携を実施しています。

④ **法制度，コンプライアンスについて**

当社グループは，様々な国内外の関係法令や規制の下で事業活動を展開しております。法令違反等が発生した場合，また新たな法規制が追加された場合には，当社グループの事業及び経営成績等に影響が生じる可能性があります。また，差別やハラスメントが生じた際，生産性低下・コスト増大および社員のエンゲージメントの低下が生じた場合には当社グループの事業及び経営成績等に影響が生じる可能性があります。

このため，当社グループでは，コーポレート・サステナビリティ基本方針及びグループコンプライアンス宣言に基づき，コンプライアンス体制を構築し，雇用形態によらない全従業員への教育及び法令遵守の徹底に取り組み，公正な事業活動に努めています。コンプライアンス規程に基づき，グループ全体のコンプライアンス上の重要な問題を審議し，再発防止策の決定，防止策の推進状況管理などを通じて，グループ全体への浸透を図っております。中でも，情報サービス産業の取引構造に起因した重要課題である請負・派遣適正化に関しては，個別のリスク管理体制を構築するとともに，グループガイドライン策定や自主点検チェックリストの活用等を通じて適切な運用に努めています。また，違法行為を未然防止するとともに，違法行為を早期に発見是正する施策としてグループ内部通報制度の導入，通報・相談窓口の設置によりグループ全体の法令遵守意識を高めております。また，差別やハラスメントを防止するため，良好な人間関係の構築，円滑

（*point*）**事業等のリスク**

「対処すべき課題」の次に重要な項目。新規参入により長期的に価格競争が激しくなり企業の体力が奪われるようなことがあるため，その事業がどの程度参入障壁が高く安定したビジネスなのかなど考えるきっかけになる。また，規制や法律，訴訟なども企業によっては大きな問題になる可能性があるため，注意深く読む必要がある。

なコミュニケーションの確立を目的とした教育，啓蒙活動を実施するとともに万が一生じた際には公正かつ厳正な対処をいたします。

⑤ **知的財産権について**

当社グループは事業を展開する上で必要となる技術，ライセンス，ビジネスモデル及び各種商標等の知的財産権について，当該権利を保有する他者の知的財産権を侵害することがないように常に注意を払い事業活動を行っております。しかしながら，当社グループの事業が他社の知的財産権を侵害したとして，差止請求や損害賠償請求等を受ける可能性があり，その場合には当社グループの事業及び経営成績等に影響が生じる可能性があります。このため，当社グループでは，知的財産権に対する体制の整備・強化を図るとともに，社員への教育・研修を通じて意識向上に努めています。なお，当社が保有する知的財産権については，重要な経営資源としてその保護に努めています。

⑥ **気候変動について**

気候変動への対策・対応として，温室効果ガス排出量を削減する「緩和」と，気候変動の悪影響を軽減する「適応」の両面において，企業が課せられる取り組み・責務が徐々に強くなってきており，その結果，事業活動・企業活動における再生可能エネルギーの利用推進の要請が高まっています。そのため，再生可能エネルギーの需要変動により，当社グループのエネルギーコストに著しい影響を及ぼした場合，また，当社グループの再生可能エネルギーへの移行が遅延した場合，当社グループの事業及び経営成績等に影響が生じる可能性があります。

このため，当社グループではTCFDへ賛同するとともに，賛同した枠組みに沿ったアセスメントを今後継続的に実施し，その結果を対外開示していくことで，気候変動の緩和のための取り組みの説明を果たしてまいります。

4　経営者による財政状態，経営成績及びキャッシュ・フローの状況の分析

(1)　経営成績等の状況の概要 ···

当連結会計年度における当社グループ（当社，連結子会社及び持分法適用会社）の財政状態，経営成績及びキャッシュ・フロー（以下「経営成績等」という。）の状況の概要は次のとおりとなります。

① 財政状態及び経営成績の状況

　当連結会計年度における我が国経済は，ウィズコロナの下で，各種政策の効果もあり，持ち直しの動きがみられました。先行きについては，世界的に金融引き締め等が続く中，海外景気の下振れによる我が国の景気の下押しリスク，物価上昇，供給面での制約及び金融資本市場の変動等の影響に十分注意する必要があります。

　当社グループの属する情報サービス産業においては，期中に公表された日銀短観におけるソフトウエア投資計画（金融機関を含む全産業）がいずれも前期比増を示す等，DX技術を活用した業務プロセスやビジネスモデルの変革がグローバルで進展する中で，IT投資需要の更なる増加が期待されています。

　このような状況の中，当社グループは，「グループビジョン2026」の達成に向けた更なる成長のため，現在遂行中の中期経営計画（2021-2023）に基づき，DX提供価値の向上を基軸とした事業構造転換の加速に引き続き取り組んでいます。

　この結果，当連結会計年度の財政状態及び経営成績は以下のとおりとなりました。

a. 財政状態

（資産合計）

　当連結会計年度末の資産合計は，前連結会計年度末に比べ14,321百万円減少の462,320百万円（前連結会計年度末476,642百万円）となりました。

　流動資産は，前連結会計年度末に比べ9,421百万円増加の268,682百万円（前連結会計年度末259,261百万円）となりました。これは主に売上高の増加により受取手形，売掛金及び契約資産が20,126百万円増加し，借入金の返済及び自己株式の取得等により現金及び預金が19,518百万円減少したこと等によるものです。

　固定資産は，前連結会計年度末に比べ23,743百万円減少の193,637百万円（前連結会計年度末217,381百万円）となりました。これは主に政策保有株式の縮減等により投資有価証券が24,024百万円減少したこと等によるものです。

（負債合計）

　当連結会計年度末の負債合計は，前連結会計年度末に比べ20,555百万円減少の153,094百万円（前連結会計年度末173,649百万円）となりました。

　流動負債は，前連結会計年度末に比べ22,057百万円減少の117,179百万円（前連結会計年度末139,236百万円）となりました。これは主に短期借入金が23,239百万円減少したこと等によるものです。

　固定負債は，前連結会計年度末に比べ1,502百万円増加の35,914百万円（前連結会計年度末34,412百万円）となりました。これは主に長期借入金が1,839百万円増加したこと等によるものです。

　なお，有利子負債合計としては，前連結会計年度末に比べ21,489百万円減少の16,043百万円（前連結会計年度末37,533百万円）となり，有利子負債比率も3.5%（前連結会計年度末比4.4ポイント減）となりました。

（純資産合計）

　純資産は，前連結会計年度末に比べ6,233百万円増加の309,226百万円（前連結会計年度末302,993百万円）となりました。これは主に利益剰余金が44,006百万円増加した一方，資本剰余金が自己株式の消却に伴って24,498百万円減少したこと及び政策保有株式の縮減等に伴うその他有価証券評価差額金の減少13,090百万円等によるものです。

　なお，利益剰余金の増加は，主に親会社株主に帰属する当期純利益の計上による増加55,461百万円と配当金支払いによる減少11,451百万円の結果です。また，自己株式は4,496百万円増加しましたが，取得により30,005百万円増加した一方で上述のとおり消却により24,498百万円減少した結果によるものです。本消却は，資本構成の適正化を図る一環として取得した約245億円相当の自己株式（6,715,483株，消却前の発行済株式総数に対する割合2.7%）について当社方針及び将来の株式の希薄化懸念を払拭すること等を勘案し，2023年2月28日に当初の予定通り実施したものです。

セグメント別の財政状態は以下のとおりです。

イ．オファリングサービス

セグメント資産は，前連結会計年度末に比べて8,746百万円減少し，146,642百万円となりました。

ロ．BPM

セグメント資産は，前連結会計年度末に比べて69百万円増加し，12,767百万円となりました。

ハ．金融IT

セグメント資産は，前連結会計年度末に比べて6,366百万円減少し，85,625百万円となりました。

ニ．産業IT

セグメント資産は，前連結会計年度末に比べて14,057百万円減少し，72,178百万円となりました。

ホ．広域ITソリューション

セグメント資産は，前連結会計年度末に比べて12,811百万円増加し，110,902百万円となりました。

b．経営成績

当連結会計年度の業績は，売上高508,400百万円（前期比5.4％増），営業利益62,328百万円（同13.9％増），経常利益63,204百万円（同13.5％増），親会社株主に帰属する当期純利益55,461百万円（同40.5％増）となりました。

（単位：百万円）

	前連結会計年度	当連結会計年度	前期比
売上高	482,547	508,400	+5.4%
売上原価	353,699	366,668	+3.7%
売上総利益	128,848	141,732	+10.0%
売上総利益率	26.7%	27.9%	+1.2P
販売費及び一般管理費	74,108	79,403	+7.1%
営業利益	54,739	62,328	+13.9%
営業利益率	11.3%	12.3%	+1.0P
経常利益	55,710	63,204	+13.5%
親会社株主に帰属する 当期純利益	39,462	55,461	+40.5%

売上高については，顧客のデジタル変革需要をはじめとするIT投資ニーズへの的確な対応による事業拡大により，前期を上回りました。営業利益については，増収に伴う増益分に加え，高付加価値ビジネスの提供，生産性・品質向上施策の推進等により売上総利益率が27.9％（前期比1.2ポイント増）に向上したことが，構造転換推進のための先行投資コストや処遇改善をはじめとする将来成長に資する投資を中心とした販売費及び一般管理費の増加を吸収し，前期比増益となり，営業利益率は12.3％（同1.0ポイント増）となりました。経常利益については，営業利益の増加により前期比増益となりました。親会社株主に帰属する当期純利益については，経常利益の増加に加えて特別損益が大きく改善したことから，前期を大きく上回りました。なお，当連結会計年度における特別利益は投資有価証券売却益及び子会社売却益等で22,040百万円（同10,747百万円増），特別損失は出資金評価損や減損損失等で3,752百万円（同1,769百万円減）を計上しました。

＜営業利益要因別増減分析（前期比）＞

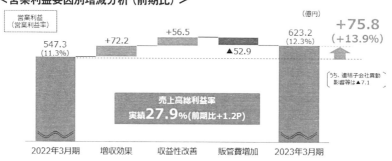

　セグメント別の状況は以下の通りです。当社グループは，更なる構造転換の推進に向け，グループ全体でのマネジメント体制を変更したことに伴い，当連結会計年度からセグメント区分を変更しています。なお，各セグメントの売上高はセ

グメント間の売上高を含んでおり，前期比（数値）は前期の数値を変更後のセグ
メントに組み替えたものを用いています。

（単位：百万円）

		前連結会計年度	当連結会計年度	前期比
オファリング サービス	売上高	103,167	111,752	+8.3%
	営業利益	4,692	6,426	+36.9%
	営業利益率	4.5%	5.8%	+1.3P
BPM	売上高	42,951	43,255	+0.7%
	営業利益	4,991	5,123	+2.6%
	営業利益率	11.6%	11.8%	+0.2P
金融IT	売上高	91,651	101,184	+10.4%
	営業利益	12,355	13,896	+12.5%
	営業利益率	13.5%	13.7%	+0.2P
産業IT	売上高	108,751	113,632	+4.5%
	営業利益	15,356	16,728	+8.9%
	営業利益率	14.1%	14.7%	+0.6P
広域IT ソリューション	売上高	156,231	160,010	+2.4%
	営業利益	16,492	19,343	+17.3%
	営業利益率	10.6%	12.1%	+1.5P
その他	売上高	6,369	8,957	+40.6%
	営業利益	770	878	+13.9%
	営業利益率	12.1%	9.8%	△2.3P

イ．オファリングサービス

当社グループに蓄積したベストプラクティスに基づくサービスを自社投資に
より構築し，知識集約型ITサービスを提供しています。

当連結会計年度の売上高は111,752百万円（前期比8.3％増），営業利益は
6,426百万円（同36.9％増）となりました。海外事業が売上高伸長に寄与する
とともに，決済や基盤系のIT投資拡大の動きに加えて生産性・品質向上施策
の推進等を通じた収益性改善等により前期比増収増益となり，営業利益率は
5.8％（同1.3ポイント増）となりました。

ロ．BPM

ビジネスプロセスに関する課題をIT技術，業務ノウハウ，人材などで高度化・
効率化・アウトソーシングを実現・提供しています。

当連結会計年度の売上高は43,255百万円（前期比0.7％増），営業利益は
5,123百万円（同2.6％増）となりました。既存のデータエントリー業務は苦戦

も，デジタル化ニーズの高まりを背景として安定的に推移し，前期比増収増益となり，営業利益率は11.8％（同0.2ポイント増）となりました。

ハ．金融IT

　　金融業界に特化した専門的なビジネス・業務ノウハウをベースとして，事業・IT戦略を共に検討・推進し，事業推進を支援しています。

　　当連結会計年度の売上高は101,184百万円（前期比10.4％増），営業利益は13,896百万円（同12.5％増）となりました。クレジットカード系の根幹先顧客及び公共系金融機関の大型案件が牽引し，前期比増収増益となり，営業利益率は13.7％（同0.2ポイント増）となりました。

ニ．産業IT

　　金融以外の産業各分野に特化した専門的なビジネス・業務ノウハウをベースとして，事業・IT戦略を共に検討・推進し，事業推進を支援しています。

　　当連結会計年度の売上高は113,632百万円（前期比4.5％増），営業利益は16,728百万円（同8.9％増）となりました。製造業やエネルギー系の根幹先顧客を中心としたIT投資拡大の動きに加え，生産性・品質向上施策の推進等を通じた収益性改善により，前期比増収増益となり，営業利益率は14.7％（同0.6ポイント増）となりました。

ホ．広域ITソリューション

　　ITのプロフェッショナルサービスを地域や顧客サイトを含み，広範に提供し，そのノウハウをソリューションとして蓄積・展開して，課題解決や事業推進を支援しています。

　　当連結会計年度の売上高は160,010百万円（前期比2.4％増），営業利益は19,343百万円（同17.3％増）となりました。ソリューション展開の進展に加えて採算性を重視した事業活動の推進等により前連結会計年度中にグループ外へ株式譲渡した企業（中央システム株式会社）の業績除外を打ち返したことから，前期比増収増益となり，営業利益率は12.1％（同1.5ポイント増）となりました。

ヘ．その他

　　各種ITサービスを提供する上での付随的な事業等で構成されています。

当連結会計年度の売上高は8,957百万円（前期比40.6％増），営業利益は878百万円（同13.9％増）となり，営業利益率は9.8％（同2.3ポイント減）となりました。主に，2022年4月1日を効力発生日として，グループのシェアードサービス事業を当社からTISビジネスサービス株式会社に継承する吸収分割を行ったことによる影響です。

　前述の通り，当社グループは，前連結会計年度から「グループビジョン2026」の達成に向けたセカンドステップとなる中期経営計画（2021-2023）を遂行しています。「Be a Digital Mover 2023」をスローガンに，戦略ドメインへの事業の集中を推進するとともに，DX提供価値の向上を基軸とした事業構造転換の加速に引き続き取り組んでいます。

注）　戦略ドメイン：「グループビジョン2026」で目指す，2026年に当社グループの中心となっているべき4つの事業領域

　中期経営計画（2021-2023）の2年目となる当連結会計年度は，以下のグループ経営方針に基づき，各種施策に精力的に取り組みました。

＜2023年3月期　グループ経営方針＞

イ．サステナビリティ経営による社会提供価値と企業価値の長期成長戦略推進
ロ．DX組織能力と投資の強化による付加価値向上の加速
ハ．事業構造転換の促進と中長期的な資産・資本効率の向上施策推進
ニ．ASEANトップクラスのIT企業連合体を目指した成長戦略の推進とガバナンスの確立
ホ．人材の先鋭化と多様化へ向けた人材投資の一層の拡充

中期経営計画（2021-2023）
基本方針

2024年3月期グループ経営方針

サステナビリティ経営による社会提供価値・企業価値向上への長期戦略推進
事業を通じた社会課題解決を促進しつつ取組をバリューチェーンへ展開
企業価値向上に資する戦略機能強化と本社機能のDX化による効率化を両輪推進

ステークホルダーレイヤー
社会・社員との価値交換と持続的成長の好循環を生み出す

社会・社員との共創価値の善循環

DXによる顧客・ステークホルダーへの提供価値を向上
コンサルタント、ITアーキテクト等の拡充によるDX組織能力を継続強化することで
顧客への提供価値を向上

ビジネスレイヤー
SI力を強みにグローバルDXパートナーへ進化

DX提供価値
の向上　／　次なる強みへ
投資拡大　／　グローバル経営
の深化と拡張

事業構造転換を促進する投資を継続推進
戦略ドメイン転換を一層促進するための投資を継続推進し、成果創出

ASEANトップクラスのIT企業連合体を目指した成長戦略推進とガバナンス確立
海外事業戦略に基づく出資先との関係強化・共同事業展開、更なる市場深耕へ
グローバルパートナシップ網の拡充

リソースレイヤー
構造転換を成し遂げる人材構成へシフト

人材の先鋭化・多様化

人材の先鋭化・多様化への先行投資強化と付加価値向上促進
人材投資（報酬・教育投資）を拡充し、中長期な付加価値向上を促進及びその効果創出　マネジメントを強化

　グループ経営方針における主な課題や取組み状況は以下の通りです。なお，これらの取組みの結果，中期経営計画（2021-2023）で定めた重要な経営指標のうち主要なものについて，１年前倒しで達成いたしました。詳細については，P.36「第2.　事業の状況　4.　経営者による財政状況，経営成績およびキャッシュ・フローの状況の分析　（2）　経営者の視点による経営成績等の状況に関する分析・検討内容　d.　経営方針，経営戦略，経営上の目標の達成状況を判断するための客観的な指標等」をご参照下さい。

イ．サステナビリティ経営による社会提供価値と企業価値の長期成長戦略推進

　事業を通じた社会課題解決を促進すると共に，環境・人権・人的資本等のESG高度化や本社機能の高度化・効率化による経営基盤の整備を継続的に推進することとしています。コーポレート・サステナビリティ基本方針に基づき，喫緊の重要な社会課題として優先度の高いテーマである人権や環境に関する取り組みを継続して進めています。このうち，人権問題に関しては，前連結会計年度に人権リスクアセスメントを実施し，潜在的人権リスクを抽出するとともに，今後優先して対応すべき国，事業及びライツホルダー（人権の負の影響を受ける可能性のある対象者）を明らかにしました。これを受けて，当連結会計年度においては，自社に加えて，業務委託先や機器調達先の労働問題に起因す

る人権リスクの把握と救済の仕組み作り，当社グループのサービスにおける目的外利用の整備等の対応を順次進めていくことにしています。また，環境問題に関しては，脱炭素社会の実現に向け，事業活動に伴う温室効果ガス排出量の削減に取り組み，2040年度までに当社グループ自らの温室効果ガス排出量のカーボンニュートラル，及び2050年度までにバリューチェーン全体の温室効果ガス排出量のネットゼロの実現を目指していくこととしました。特に，当社グループにおいて最大量の電力を使用するデータセンター運営においては，2023年4月より主要4データセンターの全使用電力に再生可能エネルギー由来の電力を使用していくことを決定し，準備を進めています。

　加えて，当社グループの地域社会への貢献のあり方の一つとして，事業ではカバーできない3つの領域（将来のユーザーを支援する活動，社会にデジタル技術の恩恵を広める活動及び社会のデジタル技術による負の影響を軽減する活動）を対象に，企業版ふるさと納税の活用やNPOと協働するプロジェクトの発足等を開始しています。

　また，サステナビリティ先進企業としてのプレゼンスの確立を目指していく中，2023年4月以降，コーポレートサステナビリティ委員会の位置づけや構成を変更しています。新たなコーポレートサステナビリティ委員会は，社外取締役を含む全取締役を中心に構成され，サステナビリティ経営を実践する上での潮流を捉え，課題の議論を通じて対応の方向性と目標を示すことを目的としています。

　なお，こうしたコーポレートサステナビリティに関する取り組みが着実に進展した結果，2022年6月には「MSCIジャパンESGセレクト・リーダーズ指数」の構成銘柄に初選定されました。

　また，当社グループのブランド理解及び価値向上を目指す一環として，オウンドメディア「TIS INTEC GroupMAGAZINE」を立ち上げ，ブランドメッセージである「ITで，社会の願い叶えよう。」をメインテーマとして，様々な領域で社会課題解決を目指す当社グループの具体的な取り組み内容や将来展望を紹介しています。

　本社機能の高度化・効率化による経営基盤の整備の観点においては，従前か

ら取り組んでいる「本社系機能高度化プロジェクト"G20"」の適用範囲を拡大するとともに，間接業務のシェアード化と更なる高度化に取り組む一環として，TISビジネスサービス株式会社を中心とした体制を通じて，グループ全体のバックオフィス業務のシェアードサービス化及びDX化を推進しています。

ロ．DX組織能力と投資の強化による付加価値向上の加速

　中長期な付加価値向上の源泉となる人材，R＆D，ソフトウエアへの一層の投資強化に加え，戦略ドメイン伸長を目的としたM＆Aを継続的に推進することとしています。

　ステークホルダーとの接点であるフロントラインの更なる強化にあたり，特に顧客に対してはDXを推進するための戦略立案や課題形成など上流領域のコンサルティング機能を強化することが必要であることから，データ分析・AIのコンサルティングに強みを有する連結子会社である澪標アナリティクス株式会社との連携強化を継続しています。また，2022年9月にエンタープライズ向け業務システムのUI（注1）/UX（注2）デザインコンサルティングから事業会社向けのデザインシステムの構築・運用支援などを手掛けるFixel株式会社を子会社化するとともに，お客様のプロダクトやサービスのデザイン，事業の課題抽出からアイデア出し・コンセプト開発などを支援するDXデザインの専門チームを立ち上げました。同社をグループに加えることで，同社の優秀なデザインコンサルティング力と当社の顧客対応力・システム構築力の融合によりDX提供価値を強化していきます。今後もこうした戦略的な経営資源配置と人材育成を通じて，DXコンサルタントを更に増員し，顧客のDX推進に対する価値提供体制の拡充に注力してまいります。

　当社グループの強みである決済領域においては，「クレジットカードプロセッシングサービス」（注3）がサービスインしたほか，デジタル口座，モバイルウォレット，サービス連携，セキュリティ，データ利活用というデジタル化する決済に求められる要素をカバーする等，決済領域全般における事業展開を進めています。加えて，2022年3月に国際ブランドプリペイド決済サービスを提供する株式会社ULTRAを連結子会社化し，同社の有する決済のフロントエンド機能と当社グループが従来から有する決済のバックエンド機能構築の強みと合

わせ，決済機能の一気通貫での組み込みを可能とする等，「Embedded Finance」の事業展開の準備も進めています。引き続き，キャッシュレス社会の進展に応じて成長が見込まれる決済領域に対し，リテール決済ソリューションのトータルブランド「PAYCIERGE」全体のサービスラインナップの拡充による面展開及び事業規模の拡大を通じて，キャッシュレス決済の更なる普及に貢献してまいります。

　今後も当社グループでは，DXを3つの領域で捉え，よりよい社会を実現していく「社会DX」，お客様の事業を革新していく「事業DX」，そして当社グループ自身を進化させていく「内部DX」を相互に強く影響しあう一つの連なりとして，統合的な視点で取り組み，新たな価値の好循環を生んでいくことを目指してまいります。

　また，2023年3月には現在賃借中のシステム運用業務及び自社ブランドのクラウドサービス提供の中核拠点である施設について，不動産信託受益権を分割取得することを決定しました。本決定は，当社の事業を支える基盤として必要となる大規模かつ希少性の高い施設については長期安定的な事業継続性を確保する観点から所有することを基本方針としている中で，賃借中の当該施設を所有に切り替える機会を得たこと，賃借から所有に切り替えることでの経済合理性及び大規模な投資の実行が可能である現在の当社財政状態等を総合的に勘案した結果，当社グループの中長期的な企業価値向上に資すると判断したものです。

注1）User Interface/ユーザーインタフェース。ユーザーがPCとやり取りをする際の入力や表示方法などの仕組み。
注2）User Experience/ユーザーエクスペリエンス。サービスなどによって得られるユーザー体験。
注3）クレジットカードのイシュイング業務に必要な環境をトータルで提供するサービス。現在クレジットカード業界で求められている「顧客志向の高度化」「オープンイノベーションへの柔軟性」「高い収益性」といった要件に応え，オリジナル性の高いシステムとカード商品を開発・提供。提供形式がSaaS型のため，導入時にかかる費用を抑制しながら必要な機能・サービスの利用が可能。

ハ．事業構造転換の促進と中長期的な資産・資本効率の向上施策推進

　構造転換の進捗に伴う経営の安定性向上と，それを踏まえた中長期的な資産・資本効率の向上への取り組みを推進することとしています。

　更なる経営マネジメントの実効性向上を目指して，資本コストを意識した事

業マネジメントの導入，グループフォーメーションマネジメントの推進，国内外の企業のM＆Aによる事業拡大や事業ポートフォリオの入れ替えを推進しています。また，更なる構造転換の推進と実効性向上に向け，当連結会計年度からグループ全体でビジネスモデルに応じたマネジメント体制をとることとし，これに合わせてセグメント区分を変更しました。各セグメントには，セグメントオーナーを設置して権限と責任の所在を明確化し，グループ各社の強みを活かした成長戦略の実現を推進してまいります。

　2023年3月には，税理士事務所及びその顧問先企業向けに会計／税務パッケージ等を提供する日本ICS株式会社（以下，「日本ICS」という）の全株式を取得することを決定し，2023年4月に当社の連結子会社としました。中期経営計画（2021-2023）において構造転換に向けた諸施策を推進する中，戦略ドメインの一つであるITオファリングサービス（注1）の成長を加速させるためには，税理士事務所とその顧問先企業をメインターゲットに，財務会計パッケージおよび関連サービスの提供を事業として展開する日本ICSをグループに迎え入れ，同社のビジネスモデル及び顧客基盤を獲得することが重要であると判断したものです。日本ICSの顧客層である中堅・中小企業や税理士事務所に向けた会計／税務パッケージおよび関連サービスの機能強化や，新技術適用による税理士業務の効率化や確実性向上の実現，当社の顧客層である金融機関と連携した取引先向けのIT化・DX推進を実現する中堅・中小企業向けソリューションの提供等，顧客基盤の拡大や新たなビジネススキームの実現を目指してまいります。一方，当社のデジタルウォレットサービスを拡大することを目的として2020年1月に連結子会社化したSequent Software Inc.に関しては，海外市場における事業展開の状況等を踏まえてペイメント事業とは別の事業を志向する方針が同社の少数株主より提案されたことを受けて検討した結果，同社の有するペイメント事業に関する知的財産及びソフトウエアを当社が取得した上で当社保有の全株式をグループ外へ譲渡しました。

　こうした中，戦略ドメインへの経営資源の集中による構造転換の着実な進展とそれに伴う利益成長やキャッシュ創出力の向上等の収益基盤の強化，経営の質が転換してきていることを踏まえ，資本構成の適正化を図る一環として，総

還元性向45%に基づく株主還元を目的とした約55億円相当と合わせて総額約300億円（8,223,000株）の自己株式の取得を2022年12月までに完了しました。このうち，資本構成の適正化を図る一環として取得した約245億円相当の自己株式（6,715,483株，消却前の発行済株式総数に対する割合2.7%）については，当社方針および将来の株式の希薄化懸念を払拭すること等を勘案し，2023年2月28日に当初の予定通り消却しました。一方，株主還元の観点から取得した自己株式（約55億円相当）については，原則として発行済株式総数の5%を上限として保有し，5%を超過する保有分については消却するという当社の自己株式保有等に関する方針に沿って対応する予定です。

　また，当社グループは，資産効率化及び財務体質の向上の観点から政策保有株式の縮減に努めており，前期末には543億円を計上していた政策保有株式は当期末には276億円となりました。これにより，政策保有株式の貸借対照表計上額の連結純資産に対する比率は8.9%となり，目標としていた10%水準への引き下げの早期実現を達成しました。

　注1）当社グループに蓄積したノウハウと，保有している先進技術を組み合わせることで，顧客より先回りしたITソリューションサービスを創出し，スピーディに提供する事業領域。

ニ．ASEANトップクラスのIT企業連合体を目指した成長戦略の推進とガバナンスの確立

　事業戦略に基づく出資先との関係強化や共同事業の展開による更なる市場の深耕を図るとともに，グローバルパートナーシップ網を拡充することとしています。

　この一環として，2022年3月に持分法適用会社としたインドネシアのPT Aino Indonesia（以下，「AINO」という）とは，協業を加速させています。すでに，スマートフォンを前提とした東南アジア向け交通決済パッケージ「Acasia」の共同開発や次世代交通サービスとしてのMaaS（Mobility as a Service）についての共同事例研究等の成果が認められたこともあり，AINOがJATeLコンソーシアム（注1）メンバーの中核企業としてインドネシア・ジャカルタ市における同国初の統合交通決済基盤「JakLingko」（注2）の案件受注に

貢献するとともに,「Acasia」が「JakLingko」のバックエンドシステムとして採用されるに至っています。2022年6月には当社と資本・業務提携関係にある東南アジア最大の配車サービス「Grab」と連携したMaaSサービスが追加されました。今後は東南アジアの交通決済のデジタル化支援に加え,Park and Rideやデータ利活用等ビジネス領域の拡張を図ってまいります。

また,2022年7月には,自動運転EV(電気自動車)向けの共通シャシーを開発する中国の貴州翰凱斯智能技術有限会社(HanKaiSi Intelligent Technology Co., Ltd.)と資本・業務提携しました。自動車のEV化や自動運転技術の進歩に伴い自動車産業が大きく転換し,ソフトウエアの重要性が高まる中において,同社との提携を通じてMaaS,スマートシティ領域等における新たなITサービスの創出を目指してまいります。

さらに,「ASEANトップクラスのIT企業連合体」の実現をより確かなものとするため,これまでのチャネル・テクノロジーに加えて,コンサルティングを新たな軸として追加し,グローバルにおける「コンサルティング+IT」プレイヤーとしてのプレゼンスとケイパビリティを強化していくこととしました。2022年11月には,インド地場企業としては大手の経営コンサルティング企業であるVector Consulting Groupと資本・業務提携契約を締結し,2023年1月に持分法適用会社化が完了しました。全世界においてコンサルティングとテクノロジーの融合が進む中,同社の持つ経営コンサルティング領域におけるノウハウを活用することで,当社グループのインド,日本,ASEAN地域,および中国のお客様に対するITサービスの高付加価値化の実現を目指してまいります。

一方で,上述のSequent Software Inc.の当社保有全株式の譲渡のほか,タイのMFEC Public Company Limitedが同社連結子会社の株式を譲渡して業績貢献の高い領域への再投資に注力する等,海外における事業構造転換の加速に向けた取組みも進めています。

注1) PT Jatelindo Perkasa Abadi,AINO,Thales,Lykoの4社で結成したPT JAKARTA LINGKO INDONESIAの案件に入札することを目的として結成された共同事業体。

注2) ジャカルタに存在する4つの公共交通機関の運賃体系を統合し,1つのアプリで公共交通機関からRidehailing(アプリを使った配車サービス)を跨って利用できるサービス。出発地から公共交通機関の乗車まで,公共交通機関の降車から目的地までの交通手段も含めたルート検索,予約,チケット購入及び利用が可能。

ホ．人材の先鋭化と多様化へ向けた人材投資の一層の拡充

　付加価値向上を目指し，報酬や教育投資の向上，キャリア採用を含めた積極的な採用活動を継続することとしています。

　多様な個が活躍できる環境・組織風土の整備，新たな労働環境を見据えた次世代の働き方改革の推進，人材データベースのデジタル化による人材ポートフォリオマネジメントの高度化，HRビジネスパートナーの本格稼働を通じて，社員のエンゲージメント向上や自律的なキャリア開発の支援等の取り組みを進めています。また，構造転換をさらに加速するため，コンサルティング，グローバル，サービスビジネス等，先鋭人材の戦略的な確保と育成とともに人材の最適配置に努めています。

　また，当社グループでは，グループダイバーシティ＆インクルージョン方針のもと，グループ推進体制を構築し，「健康経営」を推進しています。グループで働く一人ひとりの人生の質の向上を目指し，「心身の健康」「働きがいの向上」「生活力の向上」を実現する施策を推進しています。こうした取組みの結果，当社，株式会社インテックをはじめとした計4社は，経済産業省と日本健康会議が選定する「健康経営優良法人2023」に認定され，当社と株式会社インテックは「健康経営優良法人2023〜ホワイト500〜」にも認定されました。

　さらに，当社グループでは，グループビジョン2026の実現に向けた「構造転換」を果たすため，デジタル技術を駆使し，ステークホルダーとの共創を通した社会課題解決を推進することを現中期経営計画の目標として掲げ，それを担う最重要の経営資本である人材の成長による付加価値向上に注力しています。当社では，以前より「働く意義」「働く環境」「報酬」の3つの軸で社員エンゲージメントを高める人材投資を進めてまいりましたが，「働く意義」と「報酬」の改革をさらに推し進めるため，2023年4月より，報酬・評価・等級制度等を全面的に刷新した新人事制度を導入しました。報酬制度では，特に事業を牽引する高度人材と若手層へ重点的に投資し，最大17%，平均では6%アップとなる基本給の引き上げをはじめとして，グループ全体で処遇改善に向けた取組みを推進しています。これにより，2024年3月期には前期比50億円規模の人件費増を見込んでいますが，当社グループの持続的成長に不可欠な人的資

本に対する先行投資と位置付けています。こうした施策を引き続き実施することにより，従業員が能動的に考え動き，期待を上回る高いパフォーマンスを発揮することを促し，付加価値向上に繋げることで「人材の成長による企業競争力の向上を通じた企業成長の加速」を目指します。今後も，グループ全体で人材の価値を高めるために積極的な投資を行い，会社と社員と社会の高付加価値化の善循環を生みだすことで，当社グループのさらなる成長と企業価値を向上し，より豊かな社会の実現を目指してまいります。

② **キャッシュ・フローの状況**

当連結会計年度における現金及び現金同等物（以下，「資金」という。）は，前連結会計年度末に比べて19,514百万円減少し，当連結会計年度末には94,306百万円となりました。

当連結会計年度における各キャッシュ・フローの状況とそれらの要因は次のとおりであります。

（営業活動によるキャッシュ・フロー）

営業活動の結果，得られた資金は33,634百万円（前期比22,492百万円減）となりました。これは主に，税金等調整前当期純利益81,492百万円（同20,010百万円増）に，資金の増加として，非資金損益項目である減価償却費15,700百万円（同616百万円増）などがあった一方，資金の減少として，法人税等の支払額29,712百万円（同15,349百万円増），売上高の増加により売上債権及び契約資産の増加額18,792百万円（同20,510百万円増），投資有価証券売却益18,313百万円（同13,435百万円増）などがあったことによるものです。

なお，法人税等の支払額の増加は当社が資本・業務提携を通じて株式を保有する海外企業が前連結会計年度中に米国市場で株式を上場したことに伴い，税務上の株式譲渡益が生じた影響も一因となっています。

（投資活動によるキャッシュ・フロー）

投資活動の結果，得られた資金は11,300百万円（前期比14,725百万円増）となりました。これは主に，資金の増加として，政策保有株式の縮減等による投資有価証券の売却及び償還による収入23,685百万円（同16,558百万円増）などがあった一方で，資金の減少として，無形固定資産の取得による支出6,045百万円

（同186百万円減），有形固定資産の取得による支出4,337百万円（同4,710百万円減）などがあったことによるものです。

（財務活動によるキャッシュ・フロー）

　財務活動の結果，使用した資金は64,573百万円（前期比42,624百万円増）となりました。これは主に，資金の増加として，短期借入金の純増加額10,399百万円（同9,078百万円増）などがあった一方で，資金の減少として，長期借入金の返済による支出35,450百万円（同28,437百万円増），自己株式の取得による支出30,005百万円（同25,171百万円増），配当金の支払額11,451百万円（同2,123百万円増）などがあったことによるものです。

　なお，当連結会計年度の営業活動によるキャッシュ・フローと投資活動によるキャッシュ・フローの合計であるフリーキャッシュ・フローは44,935百万円の黒字（前期比7,766百万円減）となりました。

③　**生産，受注及び販売の実績**

a.　**生産実績**

　当連結会計年度の生産実績をセグメントごとに示すと，次のとおりです。

　なお，アウトソーシング業務・クラウドサービス及びソフトウエア開発についてのみ記載しております。

セグメントの名称	当連結会計年度 （自　2022年4月1日 至　2023年3月31日）	前年同期比（%）
オファリングサービス（百万円）	99,057	101.4
ＢＰＭ（百万円）	40,796	31.6
金融ＩＴ（百万円）	98,081	175.6
産業ＩＴ（百万円）	114,569	231.0
広域ＩＴソリューション（百万円）	155,839	106.0
報告セグメント計（百万円）	508,344	106.1
その他（百万円）	－	－
合計（百万円）	508,344	106.1

b. 受注実績

当連結会計年度における受注実績は，次のとおりであります。

セグメントの名称	受注高（百万円）	前年同期比（%）	受注残高（百万円）	前年同期比（%）
オファリングサービス	100,617	104.8	33,199	107.9
ＢＰＭ	39,904	95.2	7,449	87.6
金融ＩＴ	108,841	120.0	48,799	123.9
産業ＩＴ	113,115	99.0	38,064	100.5
広域ＩＴソリューション	161,477	105.9	52,861	117.7
合計	523,956	105.8	180,373	111.7

c. 販売実績

当連結会計年度における販売実績は，次のとおりであります。

セグメントの名称	当連結会計年度 （自　2022年4月1日 至　2023年3月31日）	前年同期比（%）
オファリングサービス（百万円）	99,132	108.2
ＢＰＭ（百万円）	40,958	100.9
金融ＩＴ（百万円）	99,432	110.5
産業ＩＴ（百万円）	112,916	105.6
広域ＩＴソリューション（百万円）	153,531	101.9
報告セグメント計（百万円）	505,971	105.4
その他（百万円）	2,429	89.4
合計（百万円）	508,400	105.4

（注）　セグメント間の取引については相殺消去しております。

（2）　経営者の視点による経営成績等の状況に関する分析・検討内容 ⋯⋯⋯⋯⋯

　　経営者の視点による当社グループの経営成績等の状況に関する認識及び分析・検討内容は次のとおりであります。

　　なお，文中の将来に関する事項は，当連結会計年度末現在において判断したものです。

①　財政状態及び経営成績の状況に関する認識及び分析・検討内容

a.　財政状態に関する認識及び分析・検討内容

　　当連結会計年度の財政状態の状況につきましては，「第2 事業の状況 4 経営者による財政状態，経営成績及びキャッシュ・フローの状況の分析（1）経営成績

等の状況の概要 ① 財政状態及び経営成績の状況 a.財政状態」に記載したとおり
であります。

　また，当社グループは，資産効率化及び財務体質の向上の観点から政策保有株
式の縮減に努めており，前期末には543億円を計上していた政策保有株式は当期
末には276億円となりました。これにより，政策保有株式の貸借対照表計上額の
連結純資産に対する比率は8.9％となり，目標としていた10％水準への引き下げ
の早期実現を達成しました。

　さらに，資本構成の適正化を図る一環として約245億円相当の自己株式を取得
し，当社方針及び将来の株式の希薄化懸念を払拭すること等を勘案して消却を実
施しております。

　自己資本比率は64.2％となり，積極的な成長投資を可能とする財務健全性を
堅持しています。

　なお，当連結会計年度末の現金及び預金は保有方針である月商の2ヶ月程度を
上回る状況にありますが，今後の資金需要等を考慮すれば適正な水準であると考
えています。キャッシュアロケーションに関しては，構造転換の着実な進展によ
る利益成長及び政策保有株式の縮減を加速させたことでキャッシュ創出力が当初
想定よりも強まっており，これを受けて，投資・株主還元の強化に加えて資本構
成適正化や財務健全性に向けた財務施策を積極的に実行することができていま
す。今後もこうした善循環を推進することで経営の質の転換を進めてまいりたい
と考えています。

b. 経営成績の状況に関する認識及び分析・検討内容

　当連結会計年度の経営成績の状況につきましては，「第2 事業の状況 4 経営者
による財政状態，経営成績及びキャッシュ・フローの状況の分析（1）経営成績
等の状況の概要 ① 財政状態及び経営成績の状況 b.経営成績」に記載したとおり
であります。

　中期経営計画の基本方針に沿って，構造転換のための積極的な成長投資を進め
る中においても収益性を向上させる取り組みを推進することができていると考え
ています。具体的には，構造転換推進のための先行投資コストの増加17.2億円
や処遇改善に伴う人材投資コストの増加51.5億円をはじめとする将来成長に資

する投資がある中においても，高付加価値ビジネスの提供や生産性向上施策等を推進した結果，売上総利益率は前期比1.2ポイント増の27.9％に向上し，これが牽引する形で営業利益は同 13.9％増の623.2億円，営業利益率は同1.0ポイント増の12.3％となりました。なお，親会社株主に帰属する当期純利益は554.6億円（同40.5％増）と前期を大きく上回りましたが，主に資産効率化及び財務体質の向上の観点から進めた政策保有株式の縮減や海外における事業構造転換を目的とした連結子会社株式の譲渡に伴って特別利益を計上したことによるものです。

c．経営成績等に重要な影響を与える要因について

当社グループの経営成績等に重要な影響を与える要因については，「第2．事業の状況 3 事業等のリスク」に記載したとおりであります。

d．経営方針，経営戦略，経営上の目標の達成状況を判断するための客観的な指標等

「第2 事業の状況 1 経営方針，経営環境及び対処すべき課題等」に記載したとおり，当社グループでは，事業規模・収益性および資本効率性を重視した経営指標を設定し，これらの拡大を目指しています。中期経営計画（2021-2023）では，「売上高5,000億円」「営業利益（営業利益率）580億円（11.6％）」「EPS（1株当たり当期純利益）の年平均成長率10％超」「戦略ドメイン比率60％」「社会課題解決型サービス事業売上高500億円」を掲げています。

当連結会計年度は，中期経営計画における重要な経営指標のうち主要なもの（売上高，営業利益及び営業利益率）について1年前倒しで達成する等，戦略ドメインへの経営資源の集中による構造転換は着実に進展しており，継続的な利益成長やキャッシュ創出力向上という成果につながっていると認識しています。

また，自己資本当期純利益率（ROE）については，中期経営計画（2021-2023）において事業収益力の向上に伴う当期純利益率の向上を牽引役として12.5％～13％を目標としており，長期的には構造転換を進めることで，安定的に15％を実現できる企業への成長を目指しています。

当連結会計年度は，事業収益力の向上に加えて特別利益の計上による親会社株

主に帰属する当期純利益の大幅な増加とともに，当社グループの経営の質が転換
してきていることを踏まえて実施した資本構成の適正化を図る一環としての自己
株式取得（約245億円相当）が奏功したことにより，自己資本当期純利益率は
18.8％に向上しました。なお，特別利益の計上を除いた事業活動をベースとして
算出した場合においても，自己資本当期純利益率水準は中期経営計画の目標を上
回る状況にあると認識しています。

＜重要な経営指標の状況＞

中期経営計画 重要な経営指標	2021年3月期 （実績）	2024年3月期 （中計策定時）	2023年3月期 （実績）
売上高	4,483億円	5,000億円	5,084億円
営業利益	457億円	580億円	623億円
営業利益率	10.2％	11.6％	12.3％
EPS（1株当たり当期純利益）の年平均成長率	-	10％超	43.4％
戦略ドメイン比率	51％	60％	56％
社会課題解決型サービス事業売上高	380億円	500億円	486億円

＜ROEの成長構造＞

	2021年3月期 （実績）	2024年3月期 （中計策定時）		2023年3月期 （実績）
ROE	10.8％	12.5％〜13％		18.8％
当期純利益率	6.2％	7.8％	（構造転換、成長投資創出）	10.9％
総資産回転率	1.08	やや低下	（成長投資による事業資産増）	1.08
財務レバレッジ	1.63	同程度	（財務健全性を確保）	1.59

② キャッシュ・フローの状況の分析・検討内容並びに資本の財源及び資金の流
動性に係る情報

a. キャッシュ・フローの状況の分析・検討内容

当連結会計年度のキャッシュ・フローの状況につきましては，「第2 事業の状
況 4 経営者による財政状態，経営成績及びキャッシュ・フローの状況の分析（1）
経営成績等の状況の概要 ② キャッシュ・フローの状況」に記載したとおりであ
ります。

事業から創出されるキャッシュおよび政策保有株式をはじめとする非事業資産
の資産最適化等に伴うキャッシュをベースに積極的な成長投資と株主還元の強化

の両立を目指す中期経営計画（2021-2023）における財務投資戦略及びキャッシュアロケーションの考え方に基づいて，当連結会計年度においては営業活動によるキャッシュ・フローの大幅な増加に加え，政策保有株式の縮減およびグループの事業ポートフォリオ見直しによるキャッシュを創出し，3年間で約1,000億円を想定する成長投資の一部を構成する固定資産の取得による支出に充当しました。

当連結会計年度のフリーキャッシュ・フローは，449億円の黒字となりました。前期に比べて77億円減少しておりますが，成長投資による構造転換が進捗し，利益成長及び安定的なキャッシュ創出力は高い水準を維持しているものと考えております。

b. 資本の財源及び資金の流動性

イ．資金需要

当社グループの資金需要について，営業活動においては，人件費・外注費及び材料費などの支払いに充当する運転資金が主な内容になります。投資活動においては中期経営計画の3年間で約1,000億円を想定する投資戦略に基づき，DX提供価値の向上や新技術獲得のためのM&Aやソフトウエア開発投資，R&Dや人材育成などへの成長投資を実施しております。この成長投資の一環として，2023年4月に日本ICS株式会社の連結子会社化を実施しており，225億円の株式取得資金を自己資金及び借入金により充当しております。その他，働き方改革を推進するため経常的な設備の更新，増設等を目的とした設備投資を実施しております。

ロ．財務政策

自己資本当期純利益率（ROE）については，事業収益力の向上に伴う当期純利益率の向上を牽引役として12.5%～13%を中期経営計画（2021-2023）における目標とし，長期的には構造転換を進めることで，安定的に15%を実現できる企業への成長を目指しています。

当連結会計年度のROEについては，前連結会計年度の14.0%から4.8ポイント上昇の18.8%となり，中期経営計画の目標水準を上回りました。これは，経常利益の増加に加えて特別損益が大きく改善したことで当期純利益率が

10.9％（前期比2.7ポイント増）となったことに加えて，資本構成適正化を目的とした自己株式の取得（約245億円相当）が主要因です。なお，一過性の特別損益等を除いた場合でも中期経営計画の目標水準を上回っていると認識しています。

　なお，当社グループは，必要となる資金につきましては，内部資金より充当し，不足が生じた場合は有利子負債の調達を実施することを基本とし，現金及び預金は月商の2ヶ月程度を保有する方針としております。借入金，社債等の調達については，調達コストの抑制の観点から格付「A」の維持を考慮して実施する前提としております。

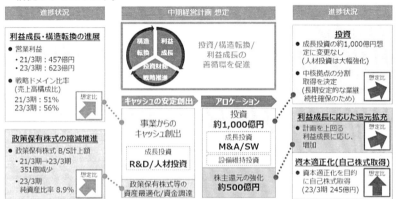

③　重要な会計上の見積り及び当該見積りに用いた仮定

　連結財務諸表の作成に当たって用いた会計上の見積り及び当該見積りに用いた仮定のうち，重要なものについては，第5　経理の状況　1 連結財務諸表等　（1）連結財務諸表　注記事項（重要な会計上の見積り）に記載のとおりであります。

設備の状況

1　設備投資等の概要

　当連結会計年度は，経常的な設備の更新のための増設，改修等を目的とした投資のほか，サービス型ビジネス推進のためのソフトウエア投資等を実施した結果，設備投資（無形固定資産を含む。）の総額は11,230百万円となりました。

2　主要な設備の状況

（1）　提出会社 ···

2023年3月31日現在

事業所名 （所在地）	セグメントの名称	設備の内容	帳簿価額（百万円）				従業員数 （名）
			建物及び 構築物	土地 （面積㎡）	その他	合計	
東京第4DC（GDC御殿山） （東京都品川区）	オファリングサービス 金融IT 産業IT	データセンター	2,163	− （−）	6,118	8,282	175 （12）
東京第1DC （東京都江東区）	オファリングサービス 金融IT 産業IT	データセンター	1,113	976 （3,494）	55	2,145	216 （62）
東京第3DC （東京都江東区）	オファリングサービス 金融IT 産業IT	データセンター	292	2,088 （6,236）	20	2,401	101 （52）
BizTRUXIA（ビズトラシア） （東京都多摩市）	BPM	BPOセンター	249	− （−）	1,005	1,254	1,256 （−）
大阪第2DC（心斎橋gDC） （大阪府大阪市）	オファリングサービス 金融IT 産業IT	データセンター	305	− （−）	57	362	19 （10）
大阪第3DC（心斎橋gDC−EX） （大阪府大阪市）	オファリングサービス 金融IT 産業IT	データセンター	512	− （−）	34	546	5 （1）
大阪第4DC（GDC大阪） （大阪府茨木市）	オファリングサービス 金融IT 産業IT	データセンター	241	− （−）	1,580	1,821	145 （69）

(2) 国内子会社 ···

会社名	事業所名 (所在地)	セグメントの名称	設備の内容	帳簿価額（百万円）				従業員数 (名)
				建物及び 構築物	土地 (面積㎡)	その他	合計	
㈱インテック	万葉DC（万葉スクエア） （富山県高岡市）	広域ITソリューション	データセンター	1,661	376 (3,753)	499	2,537	131 (―)
㈱インテック	横浜DC （神奈川県横浜市）	広域ITソリューション	データセンター	226	― (―)	571	798	162 (―)

(注) 1. 従業員数欄の（外書）は，臨時従業員を表示しております。

    2. 「その他」には無形固定資産（主としてソフトウエア）を含んでおります。

3　設備の新設，除却等の計画

　当社グループの設備投資（無形固定資産を含む。）については，景気予測，業界動向，投資効率等を総合的に勘案して計画しております。

　当連結会計年度末現在における翌1年間の投資予定金額は，17,000百万円であり，有形固定資産については経常的な設備の更新のための増設や働き方改革推進における各種改修等に加えて，御殿山SHビルの取得分も含んでおります。無形固定資産についてはサービス型ビジネス推進のためのソフトウエア投資を予定しています。なお，設備投資の所要資金については，自己資金，借入金等，それぞれ最適な手段を選択して調達いたします。

1 株式等の状況

（1） 株式の総数等 ···

① 株式の総数

種類	発行可能株式総数（株）
普通株式	840,000,000
計	840,000,000

② 発行済株式

種類	事業年度末現在発行数（株）（2023年3月31日）	提出日現在発行数（株）（2023年6月26日）	上場金融商品取引所名又は登録認可金融商品取引業協会名	内容
普通株式	244,445,411	244,445,411	東京証券取引所プライム市場	単元株式数100株
計	244,445,411	244,445,411	－	－

（注）　2023年2月28日付で実施した自己株式の消却により，6,715,483株減少しております。

経理の状況

1　連結財務諸表及び財務諸表の作成方法について ·······························

(1)　当社の連結財務諸表は，「連結財務諸表の用語，様式及び作成方法に関する規則」（昭和51年大蔵省令第28号）に基づいて作成しております。

(2)　当社の財務諸表は「財務諸表等の用語，様式及び作成方法に関する規則」（昭和38年大蔵省令第59号。以下「財務諸表等規則」という。）に基づいて作成しております。

　　　また，当社は，特例財務諸表提出会社に該当し，財務諸表等規則第127条の規定により財務諸表を作成しております。

2　監査証明について ···

　　当社は，金融商品取引法第193条の2第1項の規定に基づき，連結会計年度（2022年4月1日から2023年3月31日まで）の連結財務諸表及び事業年度（2022年4月1日から2023年3月31日まで）の財務諸表について，EY新日本有限責任監査法人による監査を受けております。

3　連結財務諸表等の適正性を確保するための特段の取組みについて ···········

　　当社は，連結財務諸表等の適正性を確保するための特段の取組みを行っております。具体的には，会計基準等の内容を適切に把握し，会計基準等の変更等について的確に対応することができる体制を整備するため，公益財団法人財務会計基準機構へ加入し，また，企業会計基準委員会等の行う研修に参加しております。

（1） 連結財務諸表 ………………………………………………………

① 連結貸借対照表

（単位：百万円）

	前連結会計年度 （2022年3月31日）	当連結会計年度 （2023年3月31日）
資産の部		
流動資産		
現金及び預金	114,194	94,675
受取手形、売掛金及び契約資産	※1 111,361	※1 131,488
リース債権及びリース投資資産	4,014	4,542
有価証券	298	284
商品及び製品	1,454	3,518
仕掛品	※7 1,360	※7 1,758
原材料及び貯蔵品	217	207
前払費用	24,739	27,810
その他	1,928	4,858
貸倒引当金	△308	△461
流動資産合計	259,261	268,682
固定資産		
有形固定資産		
建物及び構築物（純額）	※6 35,471	※6 33,635
機械装置及び運搬具（純額）	※6 9,636	※6 8,336
土地	※5 9,675	※5 9,650
リース資産（純額）	3,723	3,835
その他（純額）	6,882	※6 6,861
有形固定資産合計	※3 65,389	※3 62,318
無形固定資産		
ソフトウエア	14,231	22,039
ソフトウエア仮勘定	12,255	3,609
のれん	770	692
その他	1,493	1,329
無形固定資産合計	28,750	27,671
投資その他の資産		
投資有価証券	※2 76,823	※2 52,799
退職給付に係る資産	6,656	8,089
繰延税金資産	17,313	21,159
その他	※2 25,266	※2 24,174
貸倒引当金	△2,820	△2,575
投資その他の資産合計	123,241	103,647
固定資産合計	217,381	193,637
資産合計	476,642	462,320

	前連結会計年度 （2022年3月31日）	当連結会計年度 （2023年3月31日）
負債の部		
流動負債		
支払手形及び買掛金	22,475	26,976
短期借入金	35,229	11,990
未払法人税等	21,864	13,354
賞与引当金	15,840	17,540
受注損失引当金	※7 1,092	※7 607
その他の引当金	140	160
その他	42,593	46,549
流動負債合計	139,236	117,179
固定負債		
長期借入金	2,213	4,052
リース債務	3,554	4,011
繰延税金負債	395	344
再評価に係る繰延税金負債	※5 272	※5 272
役員退職慰労引当金	0	0
その他の引当金	208	218
退職給付に係る負債	12,534	12,038
資産除去債務	6,992	6,924
その他	8,240	8,051
固定負債合計	34,412	35,914
負債合計	173,649	153,094
純資産の部		
株主資本		
資本金	10,001	10,001
資本剰余金	64,960	40,470
利益剰余金	203,256	247,263
自己株式	△3,117	△7,614
株主資本合計	275,100	290,120
その他の包括利益累計額		
その他有価証券評価差額金	20,990	7,900
繰延ヘッジ損益	△4	△31
土地再評価差額金	※5 △2,672	※5 △2,672
為替換算調整勘定	△70	628
退職給付に係る調整累計額	△219	1,093
その他の包括利益累計額合計	18,024	6,918
非支配株主持分	9,867	12,186
純資産合計	302,993	309,226
負債純資産合計	476,642	462,320

② 連結損益計算書及び連結包括利益計算書

連結損益計算書

（単位：百万円）

	前連結会計年度 （自 2021年4月1日 至 2022年3月31日）	当連結会計年度 （自 2022年4月1日 至 2023年3月31日）
売上高	482,547	508,400
売上原価	※4 353,699	※4 366,668
売上総利益	128,848	141,732
販売費及び一般管理費	※1.※2 74,108	※1.※2 79,403
営業利益	54,739	62,328
営業外収益		
受取利息	443	563
受取配当金	813	779
為替差益	480	385
その他	835	759
営業外収益合計	2,572	2,488
営業外費用		
支払利息	322	235
持分法による投資損失	1,012	1,088
その他	266	289
営業外費用合計	1,601	1,612
経常利益	55,710	63,204
特別利益		
投資有価証券売却益	4,910	19,201
子会社株式売却益	6,362	2,774
その他	19	64
特別利益合計	11,293	22,040
特別損失		
投資有価証券売却損	32	887
投資有価証券評価損	2,593	631
減損損失	※3 909	※3 969
のれん償却額	※3 560	－
子会社出資金評価損	913	－
出資金評価損	－	1,121
その他	511	141
特別損失合計	5,521	3,752
税金等調整前当期純利益	61,481	81,492
法人税、住民税及び事業税	28,074	21,552
法人税等調整額	△7,785	1,370
法人税等合計	20,288	22,922
当期純利益	41,193	58,570
非支配株主に帰属する当期純利益	1,731	3,108
親会社株主に帰属する当期純利益	39,462	55,461

連結包括利益計算書

（単位：百万円）

	前連結会計年度 （自 2021年4月1日 至 2022年3月31日）	当連結会計年度 （自 2022年4月1日 至 2023年3月31日）
当期純利益	41,193	58,570
その他の包括利益		
その他有価証券評価差額金	△4,528	△13,086
繰延ヘッジ損益	△8	△55
為替換算調整勘定	126	812
退職給付に係る調整額	228	1,315
持分法適用会社に対する持分相当額	469	190
その他の包括利益合計	※ △3,711	※ △10,823
包括利益	37,481	47,746
（内訳）		
親会社株主に係る包括利益	35,761	44,356
非支配株主に係る包括利益	1,719	3,389

③ 連結株主資本等変動計算書

前連結会計年度（自　2021年4月1日　至　2022年3月31日）

（単位：百万円）

	株主資本				
	資本金	資本剰余金	利益剰余金	自己株式	株主資本合計
当期首残高	10,001	84,337	173,230	△18,812	248,756
会計方針の変更による累積的影響額			△108		△108
会計方針の変更を反映した当期首残高	10,001	84,337	173,122	△18,812	248,648
当期変動額					
剰余金の配当			△9,327		△9,327
親会社株主に帰属する当期純利益			39,462		39,462
自己株式の取得				△4,833	△4,833
自己株式の処分		△19,376		20,527	1,151
連結子会社の増資による持分の増減		0			0
株主資本以外の項目の当期変動額（純額）					—
当期変動額合計	—	△19,376	30,134	15,694	26,453
当期末残高	10,001	64,960	203,256	△3,117	275,100

	その他の包括利益累計額						非支配株主持分	純資産合計
	その他有価証券評価差額金	繰延ヘッジ損益	土地再評価差額金	為替換算調整勘定	退職給付に係る調整累計額	その他の包括利益累計額合計		
当期首残高	25,513	—	△2,672	△667	△449	21,724	8,948	279,429
会計方針の変更による累積的影響額								△108
会計方針の変更を反映した当期首残高	25,513	—	△2,672	△667	△449	21,724	8,948	279,321
当期変動額								
剰余金の配当								△9,327
親会社株主に帰属する当期純利益								39,462
自己株式の取得								△4,833
自己株式の処分								1,151
連結子会社の増資による持分の増減								0
株主資本以外の項目の当期変動額（純額）	△4,523	△4	—	597	229	△3,700	919	△2,780
当期変動額合計	△4,523	△4	—	597	229	△3,700	919	23,672
当期末残高	20,990	△4	△2,672	△70	△219	18,024	9,867	302,993

当連結会計年度（自　2022年4月1日　至　2023年3月31日）

（単位：百万円）

	株主資本				
	資本金	資本剰余金	利益剰余金	自己株式	株主資本合計
当期首残高	10,001	64,960	203,256	△3,117	275,100
当期変動額					
剰余金の配当			△11,451		△11,451
親会社株主に帰属する当期純利益			55,461		55,461
自己株式の取得				△30,005	△30,005
自己株式の処分		8		1,009	1,017
自己株式の消却		△24,498		24,498	−
連結範囲の変動			△112	△2	△115
持分法の適用範囲の変動			△1		△1
連結子会社の増資による持分の増減		112			112
連結子会社株式の売却による持分の増減		0			0
株主資本以外の項目の当期変動額（純額）					−
当期変動額合計	−	△24,490	44,006	△4,496	15,019
当期末残高	10,001	40,470	247,263	△7,614	290,120

	その他の包括利益累計額						非支配株主持分	純資産合計
	その他有価証券評価差額金	繰延ヘッジ損益	土地再評価差額金	為替換算調整勘定	退職給付に係る調整累計額	その他の包括利益累計額合計		
当期首残高	20,990	△4	△2,672	△70	△219	18,024	9,867	302,993
当期変動額								
剰余金の配当								△11,451
親会社株主に帰属する当期純利益								55,461
自己株式の取得								△30,005
自己株式の処分								1,017
自己株式の消却								−
連結範囲の変動								△115
持分法の適用範囲の変動								△1
連結子会社の増資による持分の増減								112
連結子会社株式の売却による持分の増減								0
株主資本以外の項目の当期変動額（純額）	△13,090	△27	−	699	1,312	△11,105	2,319	△8,786
当期変動額合計	△13,090	△27	−	699	1,312	△11,105	2,319	6,233
当期末残高	7,900	△31	△2,672	628	1,093	6,918	12,186	309,226

④ 連結キャッシュ・フロー計算書

（単位：百万円）

	前連結会計年度 （自　2021年4月1日 至　2022年3月31日）	当連結会計年度 （自　2022年4月1日 至　2023年3月31日）
営業活動によるキャッシュ・フロー		
税金等調整前当期純利益	61,481	81,492
減価償却費	15,083	15,700
減損損失	909	969
投資有価証券売却損益（△は益）	△4,877	△18,313
投資有価証券評価損益（△は益）	2,593	631
固定資産除却損	377	127
のれん償却額	889	157
子会社株式売却損益（△は益）	△6,362	△2,774
子会社出資金評価損	913	－
出資金評価損	－	1,121
賞与引当金の増減額（△は減少）	434	1,700
貸倒引当金の増減額（△は減少）	270	△89
退職給付に係る負債の増減額（△は減少）	△360	△495
受取利息及び受取配当金	△1,257	△1,343
支払利息	322	235
持分法による投資損益（△は益）	1,012	1,088
売上債権及び契約資産の増減額（△は増加）	1,718	△18,792
棚卸資産の増減額（△は増加）	1,745	△2,317
仕入債務の増減額（△は減少）	△4,063	4,198
未払消費税等の増減額（△は減少）	3,395	△947
その他	△4,695	△43
小計	69,530	62,306
利息及び配当金の受取額	1,263	1,279
利息の支払額	△303	△239
法人税等の支払額	△14,363	△29,712
営業活動によるキャッシュ・フロー	56,126	33,634
投資活動によるキャッシュ・フロー		
有価証券の取得による支出	△400	△400
有価証券の売却及び償還による収入	400	400
有形固定資産の取得による支出	△9,048	△4,337
有形固定資産の売却による収入	62	50
無形固定資産の取得による支出	△6,231	△6,045
投資有価証券の取得による支出	△2,746	△4,191
投資有価証券の売却及び償還による収入	7,126	23,685
敷金及び保証金の差入による支出	△455	△228
敷金及び保証金の回収による収入	1,366	827
連結の範囲の変更を伴う子会社株式の売却による収入	※2 7,019	※2 2,435
その他	△519	△895
投資活動によるキャッシュ・フロー	△3,424	11,300

	前連結会計年度 （自　2021年4月1日 至　2022年3月31日）	当連結会計年度 （自　2022年4月1日 至　2023年3月31日）
財務活動によるキャッシュ・フロー		
短期借入金の純増減額（△は減少）	1,320	10,399
長期借入れによる収入	―	3,500
長期借入金の返済による支出	△7,012	△35,450
自己株式の取得による支出	△4,833	△30,005
自己株式の売却による収入	1,151	1,017
配当金の支払額	△9,327	△11,451
非支配株主への配当金の支払額	△756	△1,155
その他	△2,490	△1,429
財務活動によるキャッシュ・フロー	△21,948	△64,573
現金及び現金同等物に係る換算差額	142	271
現金及び現金同等物の増減額（△は減少）	30,895	△19,367
現金及び現金同等物の期首残高	82,924	113,820
新規連結に伴う現金及び現金同等物の増加額	―	11
連結除外に伴う現金及び現金同等物の減少額	―	△158
現金及び現金同等物の期末残高	※1 113,820	※1 94,306

【注記事項】

（連結財務諸表作成のための基本となる重要な事項）

1．連結の範囲に関する事項 ·······························

（1）　連結子会社の数 ·······························

前期53社，当期50社

主要な連結子会社の名称

　株式会社インテック

　株式会社アグレックス

　クオリカ株式会社

　AJS株式会社

　TISソリューションリンク株式会社

　TISシステムサービス株式会社 MFEC Public Company Limited

当連結会計年度に，新規設立に伴い，1社を新たに連結の範囲に含めています。また，株式売却等に伴い，Sequent Software Inc. ほか3社を連結の範囲から除外しております。

（2）　主要な非連結子会社の名称等 ···

　主要な非連結子会社

　　TISI（Singapore）Pte. Ltd.

　（連結の範囲から除いた理由）

　非連結子会社は，いずれも小規模であり，合計の総資産，売上高，当期純損益（持分に見合う額）及び利益剰余金（持分に見合う額）等は，いずれも連結財務諸表に重要な影響を及ぼしていないため，連結の範囲から除外しております。

2．持分法の適用に関する事項 ···

（1）　持分法適用の関連会社数 ···

　前期76社，当期74社

　主要な会社名

　　PT Anabatic Technologies Tbk

　　上海訊聯数据服務有限公司

　当連結会計年度に，株式取得等に伴い4社を新たに持分法適用の範囲に含めています。また，株式売却等に伴い6社を持分法適用の範囲から除外しています。

（2）　持分法を適用していない非連結子会社及び関連会社の主要な会社等の名称

　（非連結子会社）TISI（Singapore）Pte. Ltd.

　（関連会社）　　TinhVan Technologies JSC.

　（持分法を適用していない理由）

　持分法を適用していない非連結子会社及び関連会社は，それぞれ当期純損益（持分に見合う額）及び利益剰余金（持分に見合う額）等からみて，持分法の対象から除いても連結財務諸表に及ぼす影響が軽微であり，かつ，全体としても重要性がないため持分法の適用範囲から除外しております。

（3）　持分法適用会社のうち，決算日が連結決算日と異なる会社については，各社の事業年度に係る財務諸表を使用しております。 ·····························

3. 連結子会社の事業年度等に関する事項 ··

　連結子会社のうち，MFEC Public Company Limited, I AM Consulting Co., Ltd., PromptNow Co., Ltd., TISI（SHANGHAI）Co., Ltd., QUALICA ASIA PACIFIC PTE.Ltd.及びQUALICA（SHANGHAI）INC.等の決算日は12月31日であります。連結財務諸表の作成に当たっては12月31日現在の財務諸表を使用しておりますが，連結決算日との間に生じた重要な取引については連結上必要な調整を行っております。

4. 会計方針に関する事項 ··

（1）　重要な資産の評価基準及び評価方法 ·································

（イ）　有価証券

　満期保有目的の債券

　　償却原価法（定額法）

　その他有価証券

　　市場価格のない株式等以外のもの

　　　時価法（評価差額は全部純資産直入法により処理し，売却原価は主として移動平均法により算定）

　　市場価格のない株式等

　　　主として移動平均法による原価法

　　　なお，投資事業有限責任組合及びそれに類する組合への出資（金融商品取引法第2条第2項により有価証券とみなされるもの）については，組合契約に規定される決算報告日に応じて入手可能な最近の決算書を基礎とし，持分相当額で取り込む方法によっております。

（ロ）　デリバティブ

　時価法

（ハ）　棚卸資産

　商品及び製品

　　主として先入先出法による原価法（貸借対照表価額は収益性の低下に基づく簿価切下げの方法により算定）

仕掛品

　個別法による原価法（貸借対照表価額は収益性の低下に基づく簿価切下げの方法により算定）

原材料及び貯蔵品

　主として最終仕入原価法（貸借対照表価額は収益性の低下に基づく簿価切下げの方法により算定）

（2）　重要な減価償却資産の減価償却の方法 ‥‥‥‥‥‥‥‥‥‥‥‥‥‥‥‥‥‥‥

（イ）　有形固定資産（リース資産を除く）

　定額法

（ロ）　無形固定資産（リース資産を除く）

　定額法

　　ただし，市場販売目的のソフトウエアについては，主として，見込有効期間（3年）における見込販売数量に基づく償却額と販売可能な残存有効期間に基づく均等配分額を比較し，いずれか大きい金額を計上しております。また自社利用目的のソフトウエアについては，社内における利用可能期間（2～5年）に基づく定額法によっております。

（ハ）　リース資産

　リース期間を耐用年数とし，残存価額を零とする定額法

（3）　重要な引当金の計上基準 ‥‥‥‥‥‥‥‥‥‥‥‥‥‥‥‥‥‥‥‥‥‥‥‥‥

（イ）　貸倒引当金

　　売上債権，貸付金等の貸倒損失に備えるため，一般債権については貸倒実績率により，貸倒懸念債権等特定の債権については個別に回収可能性を勘案し，回収不能見込額を計上しております。

（ロ）　賞与引当金

　　従業員賞与の支出に充てるため，支給見込額の当連結会計年度負担額を計上しております。

（ハ）　役員退職慰労引当金

役員の退職慰労金の支出に備えるため，国内連結子会社の一部は，内規に基づく期末要支給額を計上しております。

(ニ) 受注損失引当金

受注契約に係る将来の損失に備えるため，当連結会計年度末時点で将来の損失が見込まれ，かつ，当該損失額を合理的に見積もることが可能なものについては，翌連結会計年度以降に発生が見込まれる損失額を計上しております。

(4) 退職給付に係る会計処理の方法 ··

(イ) 退職給付見込額の期間帰属方法

退職給付債務の算定に当たり，退職給付見込額を当連結会計年度末までの期間に帰属させる方法については，給付算定式基準によっております。

(ロ) 数理計算上の差異及び過去勤務費用の費用処理方法

過去勤務費用は，各連結会計年度の発生時における従業員の平均残存勤務期間以内の一定の年数（10年）による定額法により費用処理することとしております。

数理計算上の差異については，主として各連結会計年度の発生時における従業員の平均残存勤務期間以内の一定の年数（5〜15年）による定額法により按分した額をそれぞれ発生の翌連結会計年度から費用処理しております。なお，一部の連結子会社は退職給付債務の計算にあたり，簡便法を採用しております。

(ハ) 未認識数理計算上の差異及び未認識過去勤務費用の会計処理方法

未認識数理計算上の差異及び未認識過去勤務費用については，税効果を調整の上，純資産の部におけるその他の包括利益累計額の退職給付に係る調整累計額に計上しております。

(5) 重要な収益及び費用の計上基準 ··

当社グループは顧客との契約について，以下の5ステップアプローチに基づき，約束した財又はサービスの支配が顧客に移転した時点，もしくは，移転するにつれて当該財又はサービスと交換に権利を得ると見込む対価の額で収益を認識しております。

また，クラウドサービス，製品・ソフトウエア販売のうち，履行義務が財又はサービスを他の当事者によって提供されるように手配することであると判断する代理人取引に該当する場合は顧客から受け取ると見込まれる金額から仕入先に支払う金額を控除した純額で収益を認識しております。

　なお，ファイナンス・リース取引に係る収益の計上基準は，リース料受取時に売上高と売上原価を計上する方法によっております。

　ステップ1：顧客との契約を識別する

　ステップ2：契約における履行義務を識別する

　ステップ3：取引価格を算定する

　ステップ4：契約における履行義務に取引価格を配分する

　ステップ5：履行義務を充足した時に又は充足するにつれて収益を認識する

　当社グループが主な事業としているソフトウエア開発，運用・クラウドサービス，製品・ソフトウエア販売について，顧客との契約に基づき履行義務を識別しており，それぞれ以下の通り収益を認識しております。取引の対価は履行義務を充足してから主として3ヵ月以内に受領しており，重要な金融要素を含んでおりません。

（イ）　ソフトウエア開発

　ソフトウエア開発の主な内容は顧客の経営及び事業に関する課題解決を目的としたITマネジメントに係るコンサルティング，ITシステムのスクラッチ開発または業務パッケージを活用した開発及び保守，オンサイトによる業務支援型開発サービスです。

　これらの履行義務はプロジェクトの進捗に応じて履行義務を充足していくと判断しております。そのため，原則として履行義務の充足に係る進捗率を合理的に見積もり，当該進捗度に基づき収益を一定の期間にわたり認識しております。進捗度は，主として見積総原価に対する実際の発生原価の割合に基づき算定しております。

（ロ）　運用・クラウドサービス

　運用・クラウドサービスの主な内容は自社データセンターで提供するシステム運用等，オンサイトによる業務支援型運用サービス，業務プロセス・事務処

理の受託，SaaS を始めとしたクラウドコンピューティングを利用したオンデマンド型のITリソース提供です。

　これらの履行義務は，サービス提供期間にわたり充足していくと判断しております。

　そのため，主に約束した財又はサービスの支配が顧客に移転するにつれて収益を認識しております。

（ハ）　製品・ソフトウエア販売

　製品・ソフトウエア販売の主な内容はサーバーやネットワーク機器等のハードウエアまたはソフトウエアの販売および保守です。

　これらの履行義務は，ハードウエア，ソフトウエア等の販売は顧客に引き渡した時点，保守はサービスの提供期間にわたり充足していくと判断しております。そのため，約束した財又はサービスの支配が顧客に移転した時点，もしくは，移転するにつれて収益を認識しております。

（6）　**重要な外貨建の資産又は負債の本邦通貨への換算基準** ･･････････････････････

　外貨建金銭債権債務は，連結決算日の直物為替相場により円貨に換算し，換算差額は損益として処理しております。なお，在外子会社等の換算は，決算日の直物為替相場により円貨に換算し，換算差額は純資産の部における為替換算調整勘定及び非支配株主持分に含めて計上しております。

（7）　**重要なヘッジ会計の方法** ･･

（イ）　ヘッジ会計の方法

　原則として繰延ヘッジ処理を採用しております。ただし，振当処理の要件を満たしている為替予約及び通貨スワップについては振当処理を，特例要件を満たしている金利スワップについては特例処理を採用しております。

（ロ）　ヘッジ手段とヘッジ対象

ヘッジ手段	ヘッジ対象
為替予約	外貨建取引（金銭債権債務，予定取引等）
通貨スワップ	外貨建取引（金銭債権債務，予定取引等）

金利スワップ　　固定金利又は変動金利の借入金・貸付金

（ハ）　ヘッジ方針

　デリバティブ取引に係る社内規程に基づき，為替変動リスク及び金利変動リスクを低減することを目的としてデリバティブ取引を利用しており，投機目的の取引は行っておりません。

（ニ）　ヘッジ有効性評価の方法

　ヘッジ有効性の評価は，ヘッジ対象の相場変動又はキャッシュ・フロー変動の累計とヘッジ手段の相場変動又はキャッシュ・フロー変動の累計を四半期ごとに比較し，両者の変動額を基礎として行っております。

　ただし，特例処理によっている金利スワップについては，有効性の事後評価を省略しております。また，通貨スワップ及び為替予約締結時に外貨建による同一期日の通貨スワップ及び為替予約を割り当てた場合は，その後の為替相場の変動による相関関係は完全に確保されるため，有効性の事後評価を省略しております。

（8）　のれんの償却方法及び償却期間 ···

　子会社の実態に基づいた適切な償却期間（計上後20年以内）において定額法により償却しております。

（9）　連結キャッシュ・フロー計算書における資金の範囲 ·····················

　手許現金，随時引き出し可能な預金及び容易に換金可能であり，かつ，価値の変動について僅少なリスクしか負わない取得日から3ヶ月以内に償還期限の到来する短期投資からなっております。

（1）　財務諸表 ···

①　貸借対照表

（単位：百万円）

	前事業年度 (2022年3月31日)	当事業年度 (2023年3月31日)
資産の部		
流動資産		
現金及び預金	94,049	68,704
受取手形	348	576
売掛金及び契約資産	53,182	68,347
商品及び製品	399	1,038
仕掛品	33	4
前払費用	16,064	17,735
関係会社短期貸付金	2,671	2,828
その他	948	2,733
貸倒引当金	△907	△936
流動資産合計	166,791	161,032
固定資産		
有形固定資産		
建物	※1 12,434	※1 11,452
構築物	29	0
機械及び装置	※1 6,186	※1 4,879
工具、器具及び備品	2,273	2,142
土地	3,065	3,065
リース資産	1,965	1,432
建設仮勘定	149	573
有形固定資産合計	26,103	23,544
無形固定資産		
ソフトウエア	9,085	17,151
ソフトウエア仮勘定	11,537	2,649
その他	70	69
無形固定資産合計	20,693	19,871
投資その他の資産		
投資有価証券	57,105	30,774
関係会社株式	98,472	96,533
関係会社出資金	2,559	2,559
差入保証金	10,310	10,035
長期前払費用	2,053	1,664
前払年金費用	793	736
関係会社長期貸付金	4,155	3,747
繰延税金資産	9,698	13,632
その他	192	262
貸倒引当金	△2,613	△2,315
投資その他の資産合計	182,726	157,631
固定資産合計	229,523	201,047
資産合計	396,315	362,079

	前事業年度 （2022年3月31日）	当事業年度 （2023年3月31日）
負債の部		
流動負債		
買掛金	10,332	13,339
短期借入金	33,500	10,000
関係会社短期借入金	46,701	54,614
リース債務	642	470
未払金	484	503
未払費用	5,499	6,345
未払法人税等	15,644	6,584
契約負債	9,129	9,693
預り金	502	585
賞与引当金	6,153	6,368
受注損失引当金	838	194
その他の引当金	27	27
資産除去債務	－	32
その他	3,604	2,043
流動負債合計	133,061	110,801
固定負債		
長期借入金	2,213	4,052
関係会社長期借入金	3,590	4,090
リース債務	1,688	1,238
再評価に係る繰延税金負債	272	272
退職給付引当金	1,154	1,099
その他の引当金	170	142
資産除去債務	4,367	4,331
その他	6,876	7,235
固定負債合計	20,332	22,462
負債合計	153,394	133,263
純資産の部		
株主資本		
資本金	10,001	10,001
資本剰余金		
資本準備金	4,111	4,111
その他資本剰余金	104,485	79,994
資本剰余金合計	108,596	84,106
利益剰余金		
その他利益剰余金		
繰越利益剰余金	113,994	142,610
利益剰余金合計	113,994	142,610
自己株式	△3,117	△7,614
株主資本合計	229,474	229,103
評価・換算差額等		
その他有価証券評価差額金	16,118	2,384
土地再評価差額金	△2,672	△2,672
評価・換算差額等合計	13,446	△287
純資産合計	242,920	228,815
負債純資産合計	396,315	362,079

② 損益計算書

（単位：百万円）

	前事業年度 （自　2021年4月1日 至　2022年3月31日)	当事業年度 （自　2022年4月1日 至　2023年3月31日)
売上高	※1 222,986	※1 238,140
売上原価	※1 162,946	※1 172,239
売上総利益	60,040	65,901
販売費及び一般管理費	※1,※2 34,741	※1,※2 36,450
営業利益	25,298	29,450
営業外収益		
受取利息	※1 432	※1 616
受取配当金	※1 13,158	※1 11,635
その他	※1 641	※1 367
営業外収益合計	14,232	12,620
営業外費用		
支払利息	※1 269	※1 241
支払手数料	3	119
貸倒損失	－	※1 75
貸倒引当金繰入額	397	－
その他	※1 26	※1 34
営業外費用合計	697	470
経常利益	38,833	41,599
特別利益		
投資有価証券売却益	4,908	18,984
子会社株式売却益	6,171	0
その他	34	0
特別利益合計	11,114	18,984
特別損失		
投資有価証券売却損	31	880
投資有価証券評価損	1,677	627
関係会社株式評価損	※3 2,163	※3 4,198
出資金評価損	－	1,121
関係会社出資金評価損	913	－
減損損失	442	750
その他	329	60
特別損失合計	5,558	7,639
税引前当期純利益	44,389	52,944
法人税、住民税及び事業税	18,826	10,739
法人税等調整額	△8,000	1,881
法人税等合計	10,826	12,620
当期純利益	33,563	40,323

売上原価明細書

区分	注記番号	前事業年度 （自　2021年4月1日 至　2022年3月31日） 金額（百万円）	構成比 （%）	当事業年度 （自　2022年4月1日 至　2023年3月31日） 金額（百万円）	構成比 （%）
Ⅰ　材料費		5,331	3.3	5,378	3.1
Ⅱ　労務費		33,054	20.3	32,871	19.1
Ⅲ　外注費		84,561	51.9	87,739	50.9
Ⅳ　経費		39,998	24.5	46,249	26.9
売上原価		162,946	100.0	172,239	100.0

原価計算の方法

　原価計算の方法は，プロジェクト別の個別原価計算であります。

③　株主資本等変動計算書

前事業年度（自　2021年4月1日　至　2022年3月31日）

（単位：百万円）

	株主資本								
		資本剰余金			利益剰余金				
					その他利益剰余金				
	資本金	資本準備金	その他資本剰余金	資本剰余金合計	特定株式取得積立金	繰越利益剰余金	利益剰余金合計	自己株式	株主資本合計
当期首残高	10,001	4,111	123,861	127,973	163	89,936	90,099	△18,812	209,261
会計方針の変更による累積的影響額						9	9		9
会計方針の変更を反映した当期首残高	10,001	4,111	123,861	127,973	163	89,945	90,108	△18,812	209,270
当期変動額									
剰余金の配当						△9,327	△9,327		△9,327
当期純利益						33,563	33,563		33,563
自己株式の取得								△4,833	△4,833
自己株式の処分			△19,376	△19,376				20,527	1,151
分割型の会社分割による減少						△350	△350		△350
特定株式取得積立金の取崩					△163	163	-		
株主資本以外の項目の当期変動額（純額）									
当期変動額合計	-	-	△19,376	△19,376	△163	24,048	23,885	15,694	20,203
当期末残高	10,001	4,111	104,485	108,596	-	113,994	113,994	△3,117	229,474

	評価・換算差額等			純資産合計
	その他有価証券評価差額金	土地再評価差額金	評価・換算差額等合計	
当期首残高	21,405	△2,672	18,733	227,995
会計方針の変更による累積的影響額				9
会計方針の変更を反映した当期首残高	21,405	△2,672	18,733	228,004
当期変動額				
剰余金の配当				△9,327
当期純利益				33,563
自己株式の取得				△4,833
自己株式の処分				1,151
分割型の会社分割による減少				△350
特定株式取得積立金の取崩				-
株主資本以外の項目の当期変動額（純額）	△5,287		△5,287	△5,287
当期変動額合計	△5,287	-	△5,287	14,916
当期末残高	16,118	△2,672	13,446	242,920

当事業年度（自　2022年4月1日　至　2023年3月31日）

（単位：百万円）

	株主資本							
	資本金	資本剰余金			利益剰余金		自己株式	株主資本合計
		資本準備金	その他資本剰余金	資本剰余金合計	その他利益剰余金 繰越利益剰余金	利益剰余金合計		
当期首残高	10,001	4,111	104,485	108,596	113,994	113,994	△3,117	229,474
当期変動額								
剰余金の配当					△11,451	△11,451		△11,451
当期純利益					40,323	40,323		40,323
自己株式の取得							△30,005	△30,005
自己株式の処分			8	8			1,009	1,017
自己株式の消却			△24,498	△24,498			24,498	－
分割型の会社分割による減少					△256	△256		△256
株主資本以外の項目の当期変動額（純額）								
当期変動額合計	－	－	△24,490	△24,490	28,616	28,616	△4,496	△370
当期末残高	10,001	4,111	79,994	84,106	142,610	142,610	△7,614	229,103

	評価・換算差額等			純資産合計
	その他有価証券評価差額金	土地再評価差額金	評価・換算差額等合計	
当期首残高	16,118	△2,672	13,446	242,920
当期変動額				
剰余金の配当				△11,451
当期純利益				40,323
自己株式の取得				△30,005
自己株式の処分				1,017
自己株式の消却				－
分割型の会社分割による減少				△256
株主資本以外の項目の当期変動額（純額）	△13,734		△13,734	△13,734
当期変動額合計	△13,734	－	△13,734	△14,104
当期末残高	2,384	△2,672	△287	228,815

【注記事項】
（重要な会計方針）
1．資産の評価基準及び評価方法 ･･
（1）　有価証券の評価基準及び評価方法 ･･････････････････････････････････
子会社株式及び関連会社株式
移動平均法による原価法
その他有価証券
市場価格のない株式等以外のもの
時価法（評価差額は全部純資産直入法により処理し，売却原価は移動平均
法により算定）
市場価格のない株式等
移動平均法による原価法
なお，投資事業有限責任組合及びそれに類する組合への出資（金融商品取
引法第2条第2項により有価証券とみなされるもの）については，組合契
約に規定される決算報告日に応じて入手可能な最近の決算書類を基礎と
し，持分相当額で取り込む方法によっております。

（2）　デリバティブの評価基準及び評価方法 ･･････････････････････････････
時価法

（3）　棚卸資産の評価基準及び評価方法 ･･････････････････････････････････
商品及び製品
先入先出法による原価法（貸借対照表価額は，収益性の低下に基づく簿価切
下げの方法により算定）
仕掛品
個別法による原価法（貸借対照表価額は，収益性の低下に基づく簿価切下げ
の方法により算定）
原材料及び貯蔵品
最終仕入原価法（貸借対照表価額は収益性の低下に基づく簿価切下げの方法

により算定)

2. 固定資産の減価償却の方法 ....

(1) 有形固定資産 (リース資産を除く) ....
定額法

(2) 無形固定資産 (リース資産を除く) ....
市場販売目的のソフトウエア

ソフトウエアの残高に見積売上高に対する当期売上高の割合を乗じた金額
と，見積耐用年数 (3年) による定額法によって計算した金額のいずれか大
きい金額をもって償却しております。

自社利用目的のソフトウエア

社内における利用可能期間 (5年) に基づく定額法によっております。

(3) リース資産 ....
所有権移転外ファイナンス・リース取引に係るリース資産

リース期間を耐用年数とし，残存価額を零とする定額法を採用しております。

3. 引当金の計上基準 ....

(1) 貸倒引当金 ....
売上債権，貸付金等の貸倒損失に備えるため，一般債権については貸倒実績率
により，貸倒懸念債権等特定の債権については個別に回収可能性を勘案し，回収
不能見込額を計上しております。

(2) 賞与引当金 ....
従業員賞与の支払に備えるため，支給見込額に基づき計上しております。

(3) 受注損失引当金 ....
受注契約に係る将来の損失に備えるため，当事業年度末時点で将来の損失が見

込まれ，かつ，当該損失額を合理的に見積ることが可能なものについては，翌事業年度以降に発生が見込まれる損失額を計上しております。

(4) 前払年金費用及び退職給付引当金 ···

　従業員の退職給付に備えるため，当事業年度末における退職給付債務及び年金資産の見込額に基づき計上しております。数理計算上の差異は，その発生時の従業員の平均残存勤務期間以内の一定の年数（10年及び14年）による定額法により翌事業年度から費用処理することとしております。過去勤務費用は，その発生時の従業員の平均残存勤務期間以内の一定の年数（10年）による定額法により損益処理しております。

4．収益及び費用の計上基準 ···

　当社は顧客との契約について，以下の5ステップアプローチに基づき，約束した財又はサービスの支配が顧客に移転した時点，もしくは，移転するにつれて当該財又はサービスと交換に権利を得ると見込む対価の額で収益を認識しております。また，クラウドサービス，製品・ソフトウエア販売のうち，履行義務が財又はサービスを他の当事者によって提供されるように手配することであると判断する代理人取引に該当する場合は顧客から受け取ると見込まれる金額から仕入先に支払う金額を控除した純額で収益を認識しております。

　　ステップ1：顧客との契約を識別する
　　ステップ2：契約における履行義務を識別する
　　ステップ3：取引価格を算定する
　　ステップ4：契約における履行義務に取引価格を配分する
　　ステップ5：履行義務を充足した時に又は充足するにつれて収益を認識する

　当社が主な事業としているソフトウエア開発，運用・クラウドサービス，製品・ソフトウエア販売について，顧客との契約に基づき履行義務を識別しており，それぞれ以下の通り収益を認識しております。取引の対価は履行義務を充足してから主として3ヵ月以内に受領しており，重要な金融要素を含んでおりません。

（イ）　ソフトウエア開発

　　ソフトウエア開発の主な内容は顧客の経営及び事業に関する課題解決を目的
としたITマネジメントに係るコンサルティング，ITシステムのスクラッチ開発
または業務パッケージを活用した開発及び保守です。

　　これらの履行義務はプロジェクトの進捗に応じて履行義務を充足していくと
判断しております。そのため，原則として履行義務の充足に係る進捗率を合理
的に見積もり，当該進捗度に基づき収益を一定の期間にわたり認識しておりま
す。進捗度は，主として見積総原価に対する実際の発生原価の割合に基づき算
定しております。

（ロ）　運用・クラウドサービス

　　運用・クラウドサービスの主な内容は自社データセンターで提供するシステ
ム運用等，SaaSを始めとしたクラウドコンピューティングを利用したオンデ
マンド型のITリソース提供です。これらの履行義務は，サービス提供期間にわ
たり充足していくと判断しております。そのため，主に約束した財又はサービ
スの支配が顧客に移転するにつれて収益を認識しております。

（ハ）　製品・ソフトウエア販売

　　製品・ソフトウエア販売の主な内容はサーバーやネットワーク機器等のハー
ドウエアまたはソフトウエアの販売および保守です。

　　これらの履行義務は，ハードウエア，ソフトウエア等の販売は顧客に引き渡
した時点，保守はサービスの提供期間にわたり充足していくと判断しておりま
す。そのため,約束した財又はサービスの支配が顧客に移転した時点,もしくは,
移転するにつれて収益を認識しております。

5．その他財務諸表作成のための基本となる重要な事項 ⋯⋯⋯⋯⋯⋯⋯⋯⋯⋯⋯⋯
（1）　外貨建の資産又は負債の本邦通貨への換算の基準 ⋯⋯⋯⋯⋯⋯⋯⋯⋯⋯⋯⋯

　　外貨建金銭債権債務は，決算日の直物為替相場により円貨に換算し，換算差
額は損益として処理しております。

(2) ヘッジ会計の方法 ···

① ヘッジ会計の方法

原則として繰延ヘッジ処理を採用しております。ただし，振当処理の要件を満たしている為替予約及び通貨スワップについては振当処理を採用しております。

② ヘッジ手段とヘッジ対象

ヘッジ手段　　ヘッジ対象
為替予約　　　外貨建取引（金銭債権債務）
通貨スワップ　外貨建取引（金銭債権債務）

③ ヘッジ方針

デリバティブ取引に係る社内規程に基づき，為替変動リスクを低減することを目的としてデリバティブ取引を利用しており，投機目的の取引は行っておりません。

④ ヘッジ有効性評価の方法

ヘッジ有効性の評価は，ヘッジ対象の相場変動又はキャッシュ・フロー変動の累計とヘッジ手段の相場変動又はキャッシュ・フロー変動の累計を四半期ごとに比較し，両者の変動額を基礎として行っております。

ただし，為替予約及び通貨スワップ締結時に外貨建による同一期日の為替予約及び通貨スワップを割り当てた場合は，その後の為替相場の変動による相関関係は完全に確保されるため，有効性の事後評価を省略しております。

（重要な会計上の見積り）

1．進捗率の見積りを伴う一定の期間にわたり収益認識した金額の当期末残高 ···

（1） 当事業年度の財務諸表に計上した金額 ·······································

（単位：百万円）

	前事業年度	当事業年度
進捗率の見積りを伴う一定の期間にわたり充足される履行義務に係る売上	18,071	24,700
進捗率の見積りを伴う一定の期間にわたり充足される履行義務に係る契約資産(注1)	19,014	26,144

(注1) 当該契約資産は，流動負債の「その他」に含まれている「契約負債」と相殺前のものです。

(2) 財務諸表利用者の理解に資するその他の情報 ·······························

① 算出方法

　当社は，受注制作のソフトウエアのうち，当事業年度末までの進捗部分について約束した財又はサービスの支配が顧客に移転するにつれて当該財又はサービスと交換に権利を得ると見込む対価の額で収益を認識しております。また，一定の期間にわたり充足される履行義務に係る工事収益及び工事原価の計上は，主として当期までに発生した工事原価を工事完了までに発生すると見積もった工事原価総額と比較することにより進捗率の見積りを行っており，進捗率の見積りに基づき収益を認識しております。

② 主要な仮定

　一定の期間にわたり充足される履行義務に係る重要な見積りは，見積総原価であり，その見積総原価における主要な仮定はソフトウエア開発の作業内容に伴い発生が見込まれる工数，外注費等が挙げられます。見積総原価は，システム開発が高度化・複雑化・短納期化する中，計画通りの品質を確保できない場合または開発期間内に完了しない場合にはプロジェクト完遂のための追加対応に伴って費用が想定を上回る可能性があります。

　このため当社は，専任組織による提案審査やプロジェクト工程に応じたレビューを徹底し，見積総原価を適切にモニタリングするためのプロジェクト管理体制を整備し，開発完了までの見積総原価を継続的に見直し，見積りの合理性を担保しております。

(3) 翌事業年度の財務諸表に与える影響 ·······································

　当社は，見積総原価が適切かどうかを常に確認しており，適切な進捗率に基づく収益を計上していると考えていますが，翌事業年度以降当該見積総原価の見直しが必要となった場合，翌事業年度以降の財務諸表において認識する収益の金額に影響を与える可能性があります。

2. 受注損失引当金の算定

(1) 当事業年度の財務諸表に計上した金額

（単位：百万円）

	前事業年度	当事業年度
受注損失引当金	838	194

(2) 財務諸表利用者の理解に資するその他の情報

① 算出方法

当社は，受注制作のソフトウエアの契約に係る将来の損失に備えるため，当事業年度末時点において見積総原価が受注金額を超過したことにより，将来の損失が見込まれ，かつ，当該損失額を合理的に見積もることが可能なものについては，翌事業年度以降に発生が見込まれる損失額を計上しております。

② 主要な仮定

受注損失引当金の算定における重要な見積りは，見積総原価であり，その見積総原価における主要な仮定は，ソフトウエア開発の作業内容に伴い発生が見込まれる工数，外注費等が挙げられます。見積総原価は，システム開発が高度化・複雑化・短納期化する中，計画通りの品質を確保できない場合または開発期間内に完了しない場合にはプロジェクト完遂のための追加対応に伴って費用が想定を上回る可能性があります。

このため当社では，専任組織による提案審査やプロジェクト工程に応じたレビューを徹底し，見積総原価を適切にモニタリングするためのプロジェクト管理体制を整備し，開発完了までの見積総原価を継続的に見直し，見積りの合理性を担保しております。

(3) 翌事業年度の財務諸表に与える影響

当社は，見積総原価が適切かどうかを常に確認しており，将来発生が見込まれる損失額について，必要十分な金額を引当計上していますが，翌事業年度以降に見積総原価の見直しが必要となった場合，翌事業年度以降の財務諸表において認識する費用の金額に影響を与える可能性があります。

3. 有形固定資産及び無形固定資産の減損 ···

(1) 当事業年度の財務諸表に計上した金額 ··································

(単位：百万円)

		前事業年度	当事業年度
有形固定資産及び無形固定資産	減損損失	442	750
	有形固定資産及び無形固定資産	46,796	43,416

(2) 財務諸表利用者の理解に資するその他の情報 ··························

① 算出方法

　当社は，有形固定資産及び無形固定資産のうち減損の兆候がある資産または資産グループについて，当該資産または資産グループから得られる割引前将来キャッシュ・フローの総額が帳簿価額を下回った場合，帳簿価額を回収可能価額まで減額し，当該減少額を減損損失として計上しております。

② 主要な仮定

　減損損失の認識及び測定において将来キャッシュ・フロー及び正味売却価額を，減損損失の測定においては割引率を主要な仮定として合理的に見積もっています。将来キャッシュ・フローの見積りに使用される前提は，経営会議において承認された事業計画等に基づいており，過去のマーケットシェアの状況や利益率，関連する市場動向や現在見込まれる経営環境の変化等を考慮しており，割引率は，加重平均資本コストによっております。正味売却価額の算定においては，不動産鑑定評価額等を参照するほか，一般に入手可能な市場情報を考慮しています。

(3) 翌事業年度の財務諸表に与える影響 ··································

　当社は，有形固定資産及び無形固定資産の減損における主要な仮定を経営者の最善の見積りと判断により決定していますが，関連する市場動向，経営環境や会社の事業計画に変化が生じ，将来キャッシュ・フローや正味売却価額及び割引率の見積りを修正した場合，有形固定資産及びのれんを除く無形固定資産の減損損失を新たに認識もしくは追加計上する可能性があります。

4．非上場株式の評価 ···

（1） 当事業年度の財務諸表に計上した金額 ···························

（単位：百万円）

	前事業年度	当事業年度
投資有価証券評価損（非上場株式）	1,677	627
関係会社株式評価損（非上場株式）	2,163	754
投資有価証券（非上場株式）	6,255	4,740
関係会社株式（非上場株式）	88,457	89,962

（2） 財務諸表利用者の理解に資するその他の情報 ·····················

① 算出方法

　当社は株式発行会社の1株当たり純資産額に比べて相当程度高い価額を取得原価として非上場株式を有しており，1株当たり純資産額から算出される実質価額が取得原価の50％程度を下回っている銘柄（財務諸表に計上した金額1,944百万円）が，複数存在しております。これらの銘柄は，株式取得時に見込んだ将来利益計画の達成状況の検討又はインカムアプローチの評価技法に基づく企業価値の検討により，超過収益力の毀損の有無及び非上場株式の減損の必要性を判定しております。

② 主要な仮定

　非上場株式の評価における重要な見積りは，各銘柄の取得原価までの回復可能性を合理的に判断するための将来利益計画であり，その将来利益計画の重要な仮定は，将来売上高の成長率です。

（3） 翌事業年度の財務諸表に与える影響 ·····························

　主要な仮定である将来売上高の成長率は見積りの不確実性が高く，非上場株式の評価の判断に重要な影響を与える可能性があります。将来売上高の成長率が②に記載の水準を下回った場合には，翌事業年度において1株当たり純資産額から算出される実質価額が取得原価の50％程度を下回っている銘柄の取得原価である1,944百万円を限度として，投資有価証券評価損及び関係会社株式評価損が発生する可能性があります。

5. 繰延税金資産の回収可能性 ·······································

（1） 当事業年度の財務諸表に計上した金額 ··························

（単位：百万円）

	前事業年度	当事業年度
繰延税金資産（△は、繰延税金負債）	9,698	13,632

（2） 財務諸表利用者の理解に資するその他の情報 ··················

① 算出方法

　当社グループは，将来減算一時差異等に対して，将来の利益計画に基づく課税所得及びタックス・プランニングに基づき，繰延税金資産の回収可能性を判断しております。課税所得の見積りは利益計画を基礎としており，過去の実績値及び利益計画値に基づいて「繰延税金資産の回収可能性に関する適用指針」（企業会計基準適用指針第26号）に従った企業分類を行い，繰延税金資産の回収可能額を算定しております。

② 主要な仮定

　繰延税金資産の算定における重要な仮定は，将来減算一時差異のスケジューリングの判断であります。

③ 翌事業年度の財務諸表に与える影響

　当社グループは安定的に課税所得が発生しており将来的な著しい経営成績の変化は見込まれないと仮定していますが，市場動向の変動などにより将来の課税所得の予測や一時差異のスケジューリングに見直しが必要となった場合には，翌事業年度以降の財務諸表において認識する繰延税金資産及び法人税等調整額の金額に影響を与える可能性があります。

（会計方針の変更）

　「時価の算定に関する会計基準の適用指針」（企業会計基準適用指針第31号 2021年6月17日。以下「時価算定会計基準適用指針」という。）等を当事業年度の期首から適用し，時価算定会計基準適用指針第27－2項に定める経過的な取扱いに従って，時価算定会計基準適用指針が定める新たな会計方針を，将来にわたって適用することといたしました。

なお，これによる財務諸表への影響はありません。

（表示方法の変更）
　（損益計算書）
　前事業年度において，「営業外費用」の「その他」に含めていた「支払手数料」は，金額的重要性が増したため，当事業年度より独立掲記しております。なお，前事業年度の「支払手数料」は3百万円であります。
　前事業年度において，「特別損失」の「その他」に含めていた「投資有価証券売却損」は，金額的重要性が増したため，当事業年度より独立掲記しております。なお，前事業年度の「投資有価証券売却損」は31百万円であります。

（追加情報）
　（従業員等に信託を通じて自社の株式を交付する取引）
　「第5 経理の状況 1連結財務諸表等（1）連結財務諸表（追加情報）」に記載しているため，注記を省略しております。

　（業績連動型株式報酬制度）
　「第5 経理の状況 1連結財務諸表等（1）連結財務諸表（追加情報）」に記載しているため，注記を省略しております。

　（固定資産（不動産信託受益権）の取得）
　「第5 経理の状況 1連結財務諸表等（1）連結財務諸表（追加情報）」に記載しているため，注記を省略しております。

第2章

情報通信・IT業界の
"今"を知ろう

企業の募集情報は手に入れた。しかし，それだけでは
まだ不十分。企業単位ではなく，業界全体を俯瞰する
視点は，面接などでもよく問われる重要ポイントだ。
この章では直近1年間の運輸業界を象徴する重大
ニュースをまとめるとともに，今後の展望について言
及している。また，章末には運輸業界における有名企
業（一部抜粋）のリストも記載してあるので，今後の就
職活動の参考にしてほしい。

▶▶ 人をつなぐ，世界をつなぐ
情報通信・IT 業界の動向

「情報通信・IT」は，情報通信や情報技術に関わる業界である。時代は「パソコン」から，スマートフォン，タブレット端末といった「モバイル」へとシフトしている。

❖ IT情報サービスの動向

　情報技術（IT）の適用範囲は，さまざまな企業や職種，そして個人へと加速度的に広がっている。2022年の国内IT市場規模は，前年比3.3％増の6兆734億円となった。ITサービス事業者の業務にリモートワークが定着し，停滞していた商談やプロジェクト，サービス提供が回復したことが要因と見られる。

　引き続きスマートフォンが市場を牽引しているが，今後，海外市場での需要の高まりなどを背景に，設備投資を拡大する組立製造，電力自由化において競争力強化を行う電力／ガス事業，eコマース（EC）がSNSを中心とした新たなチャネルへ移行している情報サービスなどで，高い成長率が期待される。

　また，クラウド化やテレワーク対応などのデジタルトランスフォーメーション（DX）需要がコロナ禍において急増，コロナ後も需要は継続している。

●グローバルな再編が進むIT企業

　新しいツールを駆使したビジネスにおいて，進化の早い技術に対応し，標準的なプラットフォームを構築するためにも，グローバル化は避けて通れない道である。2016年，世界第3位のコンピューターメーカーの米Dellが，ストレージ（外部記憶装置）最大手のEMCを約8兆円で買収した。この巨大買収によって誕生した新生Dellは，仮想化ソフト，情報セキュリティ，クラウド管理サービスなど事業領域を大幅に拡大する。国内企業では，システム構築で業界トップのNTTデータが，2016年3月にDellのITサービ

ス部門を買収した。買収額は約3500億円で，NTTグループでは過去3番目の大型買収である。NTTデータは，2000年代後半から国内市場の成長鈍化を見据えて，欧米を中心にM＆Aを展開してきた。過去12年間で約6000億円を投じ，50社以上を買収したことで，2006年3月期に95億円だった海外売上高は2018年3月期には9080億となっている。同期の全売上高は2兆1171億円で，半分近くを海外での売上が占めている。また，NTTグループは2016年から，産業ロボット大手のファナックとも協業を開始している。ファナックは，製造業のIoT（Internet of Things ＝すべてのもののインターネット化）を実現するためのシステム開発を進めており，この運用開始に向けて，ビジネスの拡大をともに目指している。

　ソフトバンクグループもまた，2016年に約3.3兆円で，英半導体設計大手のARMを買収した。日本企業による海外企業買収では，過去最大の規模となる。ARMは，組み込み機器やスマートフォン向けCPUの設計で豊富な実績を持つ企業であり，この買収の狙いも「IoT」にある。あらゆるものをインターネットに接続するためには，携帯電話がスマホになったように，モノ自体をコンピューター化する必要がある。近い将来，IoTが普及すれば，ARM系のCPUがあらゆるものに搭載される可能性につながっていく。

●IoT，ビッグデータ，AI —— デジタル変革の波

　IT企業のグローバル化とともに，近年注目を集めているのが「デジタルトランスフォーメーション（デジタル変革）」である。あらゆる情報がIoTで集積され，ビッグデータやAI（人工知能）を駆使して新たな需要を見出し，それに応える革新的なビジネスモデルが次々と登場している。

　2022年から2023年にかけて話題をさらったのは，米オープンAI社による「チャットGPT」だった。AIによる自然で高度な会話に大きな注目が集まった。米マイクロソフトは2023年1月にオープンAIへの1兆円規模の追加融資を発表。チャットGPTを組み込んだ検索や文章作成などの新サービスを次々と発表した。

　生成AIは従来のAIに比べて性能が飛躍的に向上。前出の文章作成に加え，プログラミングやAIアートなど，その用途は多岐にわたる。今後は生成AIを活用した業務・サービス改善にも注目が集まる。

●サービスのトレンドは，シェアリングエコノミー

　シェアリングエコノミーとは，インターネットを通じて個人や企業が保有

している使っていない資産の貸し出しを仲介するサービスのこと。たとえば，自動車を複数人で利用する（ライドシェア），空き家や駐車場，オフィスを有効活用する（スペースシェア）などがある。

　米国のウーバーが提供しているのは「自動車を利用したい人」と「自動車を所有していて空き時間のある人」をマッチングする配車・カーシェアリングサービス。サービスはアプリに集約されており，GPSで利用者の位置情報を把握して，配車する。車の到着時間といった情報もスマートフォンを通して的確に伝えられる。ウーバーには，2017年にソフトバンクが出資しており，2018年10月にはソフトバンクとトヨタ自動車が新しいモビリティサービスの構築に向けた提携で合意，新会社も設立した。国内のライドシェアサービスには，オリックス自動車や三井不動産レアルティなど，駐車場やレンタカー事業を運営していた大手企業も参入している。

　スペースシェアとしては，家の有効活用として，民泊サービスで有名なエアービー・アンド・ビーがある。このほかにも，駐車場のシェアサービスが，パーク24といった駐車場大手企業も参加して始まっている。また，フリマアプリの「メルカリ」やヤフーオークションも，不要物の再活用という意味でモノのシェアといえる。モノをシェア/再活用するニーズは，若者を中心に広がっており，小売大手の丸井グループがブランドバッグのシェアサービス「Laxus」と事業提携するなど，今後，成長が期待できる分野といえる。

❖ 通信サービスの動向

　携帯通信業界は，自前の回線を有するNTTドコモ，KDDI（au），ソフトバンクの3社（キャリア）を中心に伸びてきた。総務省によれば，日本の携帯電話の契約数は2022年3月の時点で2億302万件となっている。スマホの普及により，高齢者や10代の利用者が増加しており，市場としては，引き続き右肩上がりの成長となっている。しかし，その一方で，たとえばソフトバンク全体の事業において，国内の固定・携帯電話で構成される国内通信事業の売上高は，すでに4割を割っている。NTTグループでも，NTTデータとNTT都市開発の売上高が，全体の2割にまで伸びており，ITサービスカンパニーとして軸足を海外事業に移している。KDDIもまた，住友商事と共にモンゴルやミャンマーで携帯事業に参入してトップシェアを獲得す

るなど，海外進出を拡大させている。国内の通信事業は成熟期を迎えており，今後，契約件数の伸びが期待できないなか，大手3社は新たな収益の実現に向けて，事業領域を拡大する段階に入っている。

●楽天モバイル「0円プラン」廃止で競争激化

　総務省は，2016年よりNTTドコモ，KDDI（au），ソフトバンクの携帯大手に対して，高止まりしているサービス料金の引き下げを目的に，スマートフォンの「実質0円販売」の禁止など，さまざまな指導を行ってきた。2019年10月施行の改正電気通信事業法では，通信契約を条件とする2万円以上の端末値引きが禁じられるとともに，途中解約への違約金上限も大幅に下げられた。

　なかでも有効な政策となっているのが，格安スマホ業者（MVNO）への支援である。MVNOは，通信インフラを持つ大手3社の回線を借りて，通信や通話サービスを提供する事業者のこと。総務省の後押しなどもあり，MVNOの事業者数は2019年3月の時点で1000社を超えた。また，利用者も着実に増えており，調査会社MM総研によると，格安スマホの契約回線数は，2020年3月末には1500万件を超えた。

　モバイル市場全体に占める割合を順調に伸ばしてきたMVNOだが，ここにきてやや苦戦が見られる。大手キャリアが投入する格安プランの好調により，割安感の低下が響いたことが原因に挙げられる。話題となった「0円プラン」が廃止となり，顧客離れの影響を大きく受けた楽天モバイルは，KDDI回線のデータ使用量を無制限にした「Rakuten 最強プラン」を2023年6月に開始したが，巻き返しには至っていない。

●IoTへの対応を見据えた5G

　技術面で注目を集めているのが，2020年に商用化された次世代通信規格の5Gである。5Gは，現行の4Gに比べ，大容量，同時多接続，低遅延・高信頼性，省電力・低コストといった特徴がある。IoTの普及に必須のインフラ技術とされており，これまでの通信規格に求められてきたものに加え，将来期待されるさまざまなサービスへの対応も求められている。低遅延化・高信頼性については，たとえば，自動車の自動運転のような安全・確実性が求められるサービスにおいては必須の要件となる。また，同時多接続は，今後，携帯電話だけでなく，IoTで接続される機器の爆発的な増加が予想されることから，4Gの100倍の接続数が求められている。

キャリア各社はすでに，コンテンツサービスの拡充，ロボットの遠隔操作，自動運転などの実証実験を進めている。MVNOに対して，スマートフォン向け回線サービスは提供されたとしても，すべてのサービスが対象となるかは不透明といえる。5Gの普及によって，キャリアの携帯ゆえに享受できるサービスが大きく進化すれば，料金の安さでMVNOを選択している利用者の判断にも影響が出る可能性もある。

❖ eコマース（EC）市場の動向

インターネットを通じて商品やサービスを売買する「eコマース」（EC）は順調に拡大しており，経済産業省の発表では，2021年の消費者向け（BtoC）電子商取引の市場規模は20兆6950億円となった。

市場を牽引してきたのは，楽天とアマゾン，そして，YahooやZOZOを傘下に抱えるZホールディングスである。楽天やZホールディングスは企業や個人の出品者に売り場を提供する「モール型」，アマゾンは自社で商品を仕入れる「直販型」が主流だったが，近年はアマゾンも「モール型」のビジネスを取り入れている。また，会費制の「アマゾン プライム」では，映画や音楽の無料視聴，写真データの保存など，多くのサービスを展開している。2017年4月からは生鮮食品を扱う「アマゾン フレッシュ」を開始，ネットスーパー業界にも進出した。楽天は米ウォルマートと業務提携し，ネットスーパーを開始するほか，朝日火災海上保険（楽天損害保険）や仮想通貨交換業のみんなのビットコインを買収するなど，通販以外の分野にも投資を続けている。Zホールディングスは21年3月には　LINEを経営統合。両者の顧客基盤を掛け合わせた新たなサービスを模索し，国内首位を目指している。

コロナ禍の巣篭もり特需で，3社とも売上を大きく伸ばした。利用習慣の定着化により，中小企業や個人の販売も拡大している。

●フリマアプリの躍進と越境ECの伸長

フリマアプリでは「メルカリ」が国内で強さを誇る。メルカリは，個人間（CtoC）による物品売買を行うスマホアプリとして，2013年7月に国内サービスを開始した。誰でも簡単にスマホで売りたいものを撮影して，マーケットプレイスに出品できる手軽さと，個人情報を知られずに取引を完了できるといったきめ細かいサービスが爆発的人気の背景にある。しかし，新型

コロナウイルスによる巣ごもり特需が終了し，EC市場に逆風が吹いたこともあり，やや伸び悩みが見られる。2022年の6月期決算では売上高は1470億円と前年比38.6％増となったが，営業利益はマイナス37億と赤字決算になってしまった。

　「越境EC」といわれる海外向けのネット通販も，市場を拡大している。中国ではモバイル端末の普及が進み，中国インターネット情報センター（CNNIC）の発表では2020年6月時点でネット利用者は9億人とされている。2019年の中国国内EC売上高は約204兆円に達し，越境ECも10兆円を超えている。2014年に，中国最大のECサイト・アリババが海外業者向けの「天猫国際」を開設した。現在，メーカーから流通，小売まで，多くの日本企業が出店し，大きな成果を上げている。にサービスを開始し，2016年，2017年には中国における越境ECのトップシェアを獲得している。同社は，2017年には日本支社も設立，認知拡大，商品の仕入れ活動を本格化させている。経済産業省によると，2017年度の中国人による越境ECを通じた日本からの購入金額は1兆2978億円だった。日本の事業者にとって，越境ECの利用は，海外に直接出店するリスクがなく，マーケットは広がり，初期投資を抑えながら海外進出を狙えるメリットがある。

情報通信・IT 業界

直近の業界各社の関連ニュースを
ななめ読みしておこう。

Google、生成AIで企業需要開拓　Microsoftに対抗

米グーグルが文章や画像を自動で作る生成AI（人工知能）で企業需要の開拓に本腰を入れる。生成AIを組み込んだサービスを開発するための基盤を整え、コストを左右する半導体の自社開発も強化する。企業向けで先行する米マイクロソフトに対抗し、早期の投資回収につなげる。

グーグルのクラウドコンピューティング部門で最高経営責任者（CEO）を務めるトーマス・クリアン氏が日本経済新聞の取材に応じた。同氏は「経済が不安定で一部の企業がIT（情報技術）投資を減速させる一方、AIを使って業務を自動化するプロジェクトが増えてきた」と述べた。

同社はクラウド部門を通じて企業に生成AI関連のサービスを提供する。クリアン氏はサービス開発に使う大規模言語モデルなどの種類を増やし、企業が目的に応じて選べるようにすることが重要だと指摘した。自社開発に加え外部からも調達する方針で、米メタや米新興企業のアンソロピックと連携する。

半導体の調達や開発も強化する。AI向けの画像処理半導体（GPU）を得意とする米エヌビディアとの関係を強め、同社の最新モデル「GH200」を採用する。一方、自社開発も強化し、学習の効率を従来の2倍に高めた「TPU」の提供を始めた。クリアン氏は人材採用などにより開発体制をさらに強化する考えを示した。

グーグルは生成AIを使った米ハンバーガーチェーン大手、ウェンディーズの受注システムの開発を支援したほか、米ゼネラル・モーターズ（GM）と車載情報システムへの対話AIの組み込みで協力している。企業による利用を増やすため、「成果を上げやすいプロジェクトを一緒に選定し、コストなどの効果を測定しやすくする」（クリアン氏）としている。

大手企業に加えて、伸び代が大きい新興企業の取り込みにも力を入れる。クリアン氏は生成AI分野のユニコーン企業の70%、外部から資金提供を受けたAI

新興企業の50%が自社の顧客であると説明した。グーグルのサービスを使う
と学習や推論の効率を2倍に高められるといい、「資金の制約が大きい新興勢
の支持を受けている」と説明した。

生成AIの企業向けの提供では米オープンAIと資本・業務提携し、同社の技術
を利用するマイクロソフトが先行した。同社のサティア・ナデラCEOは4月、
「すでにクラウド経由で2500社が利用し、1年前の10倍に増えた」と説明し
ている。グーグルも企業のニーズにきめ細かく応えることで追い上げる。

生成AIの開発と利用に欠かせない高性能のGPUは奪い合いとなっており、価
格上昇も著しい。この分野で世界で約8割のシェアを握るエヌビディアの
2023年5～7月期決算は売上高が前年同期比2倍、純利益が9倍に拡大した。
生成AI開発企業にとっては先行投資の負担が高まる一方で、株式市場では「投
資回収の道筋が明確ではない」といった声もある。グーグルやマイクロソフト
などのIT大手にも早期の収益化を求める圧力が強まっており、安定した取引が
見込める企業需要の開拓が課題となっている。

各社が生成AIの投資回収の手段として位置付けるクラウド分野では、世界シェ
ア首位の米アマゾン・ドット・コムをマイクロソフトが追い上げている。グー
グルは3番手が定着しているが、クリアン氏は「(生成AIで業界構図が)変わる。
将来を楽観している」と述べた。長年にわたって世界のAI研究をリードしてき
た強みを生かし、存在感を高める考えだ。

（2023年9月3日　日本経済新聞）

Apple、日本拠点40周年　アプリ経済圏460億ドルに

米アップルは8日、アプリ配信サービス「アップストア」経由で提供された日
本の商品やサービスの売上高が2022年に計460億ドル（約6兆5500億円）
にのぼったと発表した。今年6月に拠点設立から丸40年を迎えた日本で、アッ
プルの存在感は大きい。一方で規制強化の動きなど逆風もある。

ティム・クック最高経営責任者（CEO）は「我々は日本のものづくりの匠（た
くみ）の技とデザインが持つ付加価値などについて話し合っている。記念すべ
き40周年を共に祝えて誇りに思う」とコメントを出した。日本の「アプリ経済
圏」の460億ドルのうち、小規模な開発業者の売り上げは20～22年に32%
増えたという。

1976年に故スティーブ・ジョブズ氏らが創業したアップル。7年後の83年6

月に日本法人を設けた。それまでは東レなどがパソコン「アップル2」の販売代理店を担い、日本法人の立ち上げ後も一時はキヤノン系が販売を請け負った。2003年には海外初の直営店を東京・銀座に開店し、今は福岡市や京都市などに10店舗を構える。

もともとジョブズ氏は禅宗に通じ、京都を好むなど日本に明るいことで知られた。ソニーを尊敬し、創業者の盛田昭夫氏が死去した1999年のイベントでは盛田氏の写真をスクリーンに映して「新製品を彼に喜んでほしい」と追悼の意を表した。

01年に携帯音楽プレーヤー「iPod」を発売すると、「ウォークマン」やCDの規格で主導していたソニーから音楽業界の主役の座を奪った。日本の家電メーカーにとっては驚異的な存在だったとも言える。

アップルから見ると、日本は製造・販売両面で重要拠点だ。主力スマートフォン「iPhone」で国内の電子部品市場は拡大し、1000社近い巨大なサプライチェーン（供給網）を築いた。「アプリ関連やサプライヤーで100万人を超える日本の雇用を支えている。過去5年間で日本のサプライヤーに1000億ドル以上を支出した」と説明する。

販売面では一人勝ち状態が続く。調査会社MM総研（東京・港）によると、22年のスマホの国内シェアはアップルが約49％と半分に迫り、携帯電話シェアで12年から11年連続で首位に立つ。タブレットのシェアも約50％、スマートウオッチも約60％にのぼる。

「爆発的に普及するとは全く思わなかった」。ジョブズ氏と縁のあった孫正義氏が率いていたソフトバンクが「iPhone3G」を独占販売する際、他の通信大手幹部は「冷ややかな目で見ていた」と振り返る。だが、iPhone人気でソフトバンクは新規顧客を集め、通信業界の勢力図を塗り替えた。11年にはKDDI、13年にNTTドコモが追随し、後に政府から批判される値引き競争や複雑な料金プランにつながっていく。

日本の存在感の大きさはアップルの決算発表にも表れる。資料では毎回、米州、欧州、中華圏、日本、その他アジア太平洋地域という5つの地域別売上高を開示する。単体の国として分けているのは日本だけで、米テクノロジー大手では珍しい。

最近は陰りも見える。足元の日本の売上高は前年同期比11％減で、売上高全体における比率は6％にとどまった。円安や値引き販売の抑制などが理由だが、アップル関係者からは「製造も販売も我々は既にインドを見ている」という声も上がる。

アプリ経済圏の先行きも不透明だ。政府のデジタル市場競争会議は6月、他社が運営する代替アプリストアをアップルが受け入れるよう義務付けるべきだと指摘した。販売減少や規制強化といった逆風を越えられるか——。次の40年に向けた新たな施策が求められる。

（2023年8月8日　日本経済新聞）

初任給、建設・ITで大幅増　若手確保に企業奔走

初任給を大幅に引き上げる企業が相次いでいる。2023年度の初任給伸び率ランキングをみると建設や運輸業界、情報ソフト、通信業界での引き上げが目立つ。新型コロナウイルス禍から経済活動が正常化に進む中、若手確保に動く企業が多いようだ。

日本経済新聞社が実施した23年度の採用計画調査をもとに大卒初任給の前年度比伸び率ランキングを作成。調査は4月4日までに主要企業2308社から回答を得た。

首位は商業施設の設計・施工などを手掛けるラックランドで30.7%増の26万6600円だった。初任給の引き上げは16年ぶりだ。加えて入社4年目まで基本給を底上げするベースアップ（ベア）を毎年3%実施する。施工管理者から営業、設計、メンテナンスまで幅広い人材獲得を目指す。

背景にあるのが年々増す採用の厳しさだ。人事担当者は「22年度は内定辞退が増え採用目標数を割った」と言う。引き上げ後の初任給は全業界平均22万8471円を大きく上回った。6月に解禁した24年卒の採用活動では社長面談の時期を早めるなど学生の獲得策を強化しており、「内定承諾のペースは昨年と比べると速い」という。

石油精製・販売の三愛オブリも大卒初任給を24.9%引き上げ26万円とした。同社は23年度に手当の一部を基本給に組み入れる賃金制度の改定で全社員の基本給が大幅増となった。空港の給油施設運営などを手掛けるなかで空港内作業者の初任給も同水準で引き上げており「採用に弾みをつけたい」とする。

航海士など特殊な技術や知識を要する人材も奪い合いだ。業種別の初任給伸び率ランキングで首位だった海運は業界全体で6.7%増と大幅に伸ばした。なかでもNSユナイテッド海運は大卒初任給で21.1%増の26万3700円。2年連続で初任給を引き上げた。

ゲームなどを含む情報ソフトや金融関連、通信業界なども初任給引き上げが顕

著だ。IT（情報技術）エンジニア確保が目的だ。実際、企業ランキング２位は
スクウェア・エニックス・ホールディングス。全社員の給与も平均10％引き
上げており、「物価高騰に加え新たに優秀な人材の獲得強化を見込む」とする。

実はゲーム業界に初任給引き上げドミノが起きている。バンダイナムコエン
ターテインメントは22年度に大卒初任給を前年度比25％上げて29万円とし
た。カプコンなども22年度に実施。23年度にはスクウェア・エニックスに加
え任天堂が１割増の25万6000円とした。中堅ゲーム会社幹部は「（優秀な人
材の）つなぎ留めのために賃上げをしないと、他社に流出してしまう」と危機
感を隠さない。

金融も初任給の引き上げが目立った。三井住友銀行は初任給を16年ぶりに引
き上げ、大卒で24.4％増の25万5000円とした。スマホ金融などの強化に
必要なデジタル人材はあらゆる業界で奪い合いになっている。

三井住友銀に続き、みずほフィナンシャルグループは24年に５万5000円、
三菱UFJ銀行も同年に５万円、それぞれ初任給を引き上げることを決めている。
ネット専業銀行や地方銀行も相次ぎ初任給引き上げに走っている。

一方、初任給の伸びが低かったのが鉄鋼業界。前年比ほぼ横ばいだった。初任
給は春季労使交渉で決まる場合が多く、鉄鋼大手は効率化などを目的に交渉を
２年に１度としている。23年は労使交渉がなかったことが影響したとみられる。
倉庫・運輸関連は前年比0.9％増、水産や自動車・部品が１％増となった。例
年に比べれば高い賃上げ率だが、各業界とも初任給の全体平均額を下回ってい
る。

過去にも人手不足感が高まると、初任給を引き上げる傾向が強まった。しかし
23年は企業の焦りが感じられる。初任給伸び率が2.2％増となり、10年以降
で最大の伸び率となっているのだ。24年度以降の持続性もカギとなりそうだ。
法政大学の山田久教授は「全体の賃金上昇傾向が続くかは経済の情勢次第で不
透明感が残るが、初任給引き上げ競争は今後も続くだろう」とみる。少子高齢
化で若年労働人口が減る中、企業はIT人材から現場労働者まで若手の採用力
強化が必須となっている。　　　　　　　　（2023年６月18日　日本経済新聞）

NVIDIAとTSMC、生成AIに専用半導体　年内投入へ

半導体設計大手の米エヌビディアと半導体受託生産首位の台湾積体電路製造
（TSMC）が、生成AI向けの専用半導体を年内に投入する。AIが回答を導き出

す過程の速度を前世代品に比べて最大12倍にする。半導体は「新型コロナウイルス特需」の反動で市況が悪化するなか、米台の2強が次の成長分野でリードを固める。

「（AI向け半導体の）需要は非常に強い。サプライチェーン（供給網）のパートナーとともに増産を急いでいる」

エヌビディアのジェンスン・ファン最高経営責任者（CEO）は30日、台北市内で記者会見し、生成AI向け市場の成長性を強調した。台湾出身のファン氏は同日開幕したIT（情報技術）見本市「台北国際電脳展」（コンピューテックス台北）に合わせて訪台した。

エヌビディアはAI分野で広く使われる画像処理半導体（GPU）を手掛け、AI向け半導体で世界シェア8割を握る。「Chat（チャット）GPT」に代表される対話型の生成AIの急速な進化を受け、AIのデータ処理に特化した専用半導体を年内に投入する。

エヌビディアが設計した半導体をTSMCが量産する。AIが質問への回答を導き出す「推論」のスピードを前世代品に比べて最大12倍に速める。

生成AIサービスの多くは、データセンターのサーバー上で開発・運用されている。GPUは膨大なデータをAIに学ばせて回答の精度を上げていく「学習」と、利用者から質問などを受けてAIが答えを導く「推論」の両方に使われる。

特にエヌビディアのGPUは「（AI用途への）最適化が進んでおり、大きな先行者優位がある」（台湾調査会社トレンドフォースの曾伯楷アナリスト）。

チャットGPTを開発した米新興オープンAIは、サービス開発に約1万個のGPUを用いているとされる。トレンドフォースは技術の高度化に伴い、今後は一つのサービスを開発・運用するのに3万個以上のGPUが必要になると予測する。

ゲームや動画編集に使われる一般的なGPUは市販価格が1個10万円以下のものもあるが、AI向け高性能GPUは100万円を優に超える。需要が伸びれば市場全体へのインパクトも大きい。

独調査会社スタティスタは、生成AIがけん引するAI向け半導体の市場規模が、2028年に21年比で12倍の1278億ドル（約18兆円）に急拡大すると予測する。半導体市場全体が22年時点で80兆円規模だったのと比べても存在感は大きい。

エヌビディアを支えるのは、半導体の量産技術で世界トップを走るTSMCだ。新たに投入する生成AI向け半導体を含め、AI向け高性能GPUを独占的に生産する。

両社の関係は1990年代半ばに遡る。創業間もないエヌビディアは、生産委託先の確保に苦しんでいた。台湾出身のファンCEOが頼ったのは当時、半導体受託生産で躍進しつつあったTSMC創業者の張忠謀（モリス・チャン）氏だった。

張氏が電話で直接交渉に応じ、両社の取引がスタートしたという。以後30年近くにわたり、TSMCはゲームからパソコン、AI向けに至る幅広い製品を供給してきた。

近年はAI向け半導体の性能向上の鍵を握る「パッケージング技術」の開発で関係を深めている。異なる機能を持つ複数の半導体を一つのパッケージに収め、効率よく連動させる技術だ。

エヌビディアは2010年代中盤にいち早く同技術をGPUに採用。量産技術を開発するTSMCと二人三脚で、性能向上を実現してきた。

生成AI向け半導体の開発競争は激化が見込まれる。米グーグルや米アマゾン・ドット・コムといったIT大手が、独自に半導体の設計に乗り出している。両社ともエヌビディアの大口顧客だが、自前の半導体開発によってサービスの差別化やコスト低減を狙う。

そのIT大手も半導体の生産は外部委託に頼らざるを得ない。エヌビディアとTSMCの緊密な関係は、今後の競争で有利に働く可能性がある。

20年〜22年前半にかけて好調が続いた世界の半導体市場は、足元で厳しい状況にある。コロナ特需の反動でパソコンやスマホ、ゲーム機などの販売が落ち込み、全体的な市況の回復は24年になるとの見方が強い。TSMCは23年12月期通期に前の期比で減収（米ドルベース）を見込む。

生成AIはスマホなどに代わる半導体市場のけん引役となることが期待される。TSMCの魏哲家CEOは4月中旬の記者会見で「AI向けの需要は強く、業績成長の原動力となる」と強調した。

ファン氏も30日の記者会見で「我々は間違いなく、生成AIの新時代の始まりにいる」と述べ、業界が大きな成長局面に入りつつあると指摘した。生成AIの進化を支える製品を供給できるかが、市場全体の成長を左右する。

（2023年5月30日　日本経済新聞）

5G網整備へ技術者争奪　携帯電話大手4社、14％増員

高速通信網を整備する技術者の争奪が激しい。携帯大手4社は2022年3月

末に技術者を前年同期比14％増やした。転職者の平均年収も新型コロナウイルス禍のときと比較して2割上昇した。足元ではIT（情報技術）・通信エンジニアの転職求人倍率は全体を大きく上回っている。

高速通信規格「5G」の利用区域を広げるため需要は高まる。通信基盤を支える人材の不足が続けば日本のデジタル化に響きかねない。

総務省の調査によると、携帯大手4社の無線従事者や保守などの技術者数は22年3月末時点で計3万5400人だった。

企業ごとに定義の異なる部分はあるものの、前年同期比の伸び率は楽天モバイルが最大の34％増の3500人。次いでソフトバンクが28％増の1万800人、NTTドコモが7％増の1万2100人、KDDIが5％増の8800人と続いた。

5Gの通信速度は4Gの最大100倍で遅延したときの影響は10分の1に低下するとされる。スマートシティーや自動運転、工場機器の遠隔制御などに生かせば、新たなビジネスにつながる。

30年ごろには次世代の6Gへの移行が始まる見込みだが、技術革新とともに複雑なネットワーク構築を求められる。

ソフトバンクの担当者は「災害対策に加えて、5G基地局の整備のために技術者を増やしている」と説明する。KDDIも基地局の保守・運用に関わる技術者の需要は引き続き大きいとみる。

新型コロナで社会のデジタル化の要請が高まり、通信業界の技術者不足は厳しさを増す。KDDIなどで大規模な通信障害が相次いだことも通信網の重要性を意識させた。

人材サービス大手のエン・ジャパンによると、エンジニアが転職した際の22年の平均年収は新型コロナで底となった20年比19％増の519万円だった。

同社で通信業界を担当する星野玲氏は「通信業界は人材獲得が難しい。売り手市場で適正水準を上回る年収を示す事例が多い」と話す。従来は700万円程度が上限だったが、いまは900万円ほどに上がっているという。

携帯大手が求めるネットワーク技術者の22年の求人数は20年より45％増えた。パーソルキャリアの転職サービスのdoda（デューダ）によると、足元の23年2月のIT・通信エンジニアの転職求人倍率は10.19倍で、全体の2.15倍を上回った。

問題はこうした需要をまかなうだけの人材がいないことだ。経済産業省は30年に国内で最大79万人のIT人材が不足すると予測する。

政府は電力・ガス、道路、鉄道などのインフラ点検で規制を緩和し、ドローンや人工知能（AI）の導入を促す。通信でも保守・運用を自動化すれば余剰人員

を競争分野に振り向けることができる。

稲田修一早大教授は「通信業界は他分野に比べて省人化が進んでいるとは言えない」として改善が不可欠だと指摘する。

総務省によると、5Gの全国人口カバー率は22年3月末時点で93％とまだ行き渡っていない。新型コロナで露呈したデジタル化の遅れを取り戻すためにも、5G網づくりを急ぐ必要がある。

（2023年4月19日　日本経済新聞）

IT業界特化のSNSアプリ　HonneWorks

企業の平均年収をまとめたウェブサイトを運営するHonneWorks（ホンネワークス、神奈川県茅ケ崎市）は、IT（情報技術）業界で働く会社員向けに特化したSNS（交流サイト）アプリの提供を始める。利用者は匿名で参加できるが、ホンネワークスが職場のメールアドレスから勤務先を確認する点が特徴。信頼度の高い情報の交換につなげ、転職希望者に役立ててもらう。事業拡大に備え、ベンチャーキャピタル（VC）のゼロイチキャピタルなどからJ-KISS型新株予約権方式で約3000万円を調達した。

（2023年3月7日　日本経済新聞）

ITエンジニア、転職年収2割増　製造業や金融で引き合い

IT（情報技術）エンジニアについて、製造業や金融など非IT系の事業会社に転職した際の年収の上昇が目立つ。2022年までの2年間で2割上がり、エンジニア全体の平均を上回った。デジタルトランスフォーメーション（DX）化などを背景に、社内のシステム構築などの業務が増えた。IT業界以外の企業は、社内にITに詳しい人材が少ない。即戦力となる経験者を中心に高い年収を提示し獲得を急いでいる。

東京都在住の30代男性は、22年12月にITシステムの開発企業から鋼材系メーカーの社内システムエンジニア（SE）に転職した。自社のITインフラの整備をしている。転職で年収は50万円ほど上がった。

以前はクライアント先のシステム開発を担当していた。自社のシステムは利用者からの反応なども確認しやすく、やりがいを感じるという。

人材サービス大手のエン・ジャパンによると、同社の運営する人材紹介サービス「エン エージェント」を通じて決まったITエンジニアの転職のうち、非IT企業の初年度年収（転職決定時、中央値）は22年が516万円。ITエンジニア全体（511万円）を上回る。

上昇率も同様だ。非IT企業は新型コロナウイルスの感染が広がった20年に比べ95万円（22.6％）高い。ITエンジニア全体（21.4％）に比べ、伸びの勢いが目立つ。

背景にあるのが新型コロナ禍を契機とした、IT人材の不足だ。パーソルキャリア（東京・千代田）の転職サービスのdoda（デューダ）のまとめでは、22年12月のIT・通信エンジニアの中途採用求人倍率は12.09倍。全体（2.54倍）を大きく上回った。経済産業省は30年に日本で最大79万人のIT人材が不足すると予測する。

新型コロナの感染拡大で非IT系業種も含め、ビジネス現場のデジタル化が加速した。リモートでの就業環境を整えるだけでなく、経営の中にデジタル化をどう位置づけ推進するのかといった課題が生まれた。

既存システムの安定稼働やメンテナンスといったコロナ禍前からの業務に加え、リモート化や各種セキュリティー強化に取り組む人材が必要になった。

経営管理の観点からは、中長期のIT戦略投資の立案や社内の人材育成も求められるようになった。5年以上のIT実務の経験者や、経営を視野に入れITプロジェクトを進められるミドル層の需要が高まった。特に非IT系業種はこうした人材資源がIT企業に比べ薄く、中途採用を活用せざるを得ない。

dodaによると、22年10～12月期のITエンジニアの新規求人のうち、年収が700万円以上の件数は35％だった。19年同期の19％から16ポイント増えた。大浦征也doda編集長は「事業会社は経験者を採用できなければ競合に後れを取るとの意識がある」としたうえで「採用基準を下げるのではなく、賃金を引き上げてでも人材を獲得しようという動きが強まった」とみる。

中途採用をいかしデジタル関連業務の内製化を進めることで、コストの削減も期待できる。クレディセゾンは19年にITエンジニアの中途採用を始め、20年以降も即戦力となる30～40代を中心に獲得を進める。同社は「内製した案件の開発コストは外部依頼の場合と比べ、21～22年度の累計で約6割削減できる見通し」と説明する。

（2023年2月8日　日本経済新聞）

▶ 労働環境

職種：代理店営業　　年齢・性別：20代後半・男性

・以前は年功序列の風潮でしたが，今は実力主義になってきています。
・会社への利益貢献ができ，上司の目に留まれば出世は早いでしょう。
・自己PRが上手で，失敗・成功に関わらず原因分析できることが重要。
・上司の目に留まらなければ，芽が出ないまま転職する人も。

職種：システムエンジニア　　年齢・性別：20代後半・男性

・転勤が本当に多く，それは女性も例外ではありません。
・入社時に「総合職は転勤があるが大丈夫か？」と確認されます。
・3～7年で異動になりますが，その都度転勤の可能性があります。
・家庭を持っている人や家を持っている人は単身赴任になることも。

職種：法人営業　　年齢・性別：30代前半・男性

・残業は月に20時間程度で，ワークライフバランスがとりやすいです。
・休日出勤はほとんどなく，1年に数回あるかどうかです。
・有給休暇はしっかりと取れるので，休暇の計画は立てやすいです。
・子どもの各種行事に積極的に参加している人も周りに多くいます。

職種：営業アシスタント　　年齢・性別：20代前半・女性

・全体的にかなり風通しの良い職場です。
・飲み会や遊びの計画が多く，社員同士の仲はとても良いです。
・社員の年齢層は比較的若めで，イベント好きな人が多い印象です。
・東京本社の場合，ワンフロアになっており全体が見渡せる作りです。

▶福利厚生

職種：代理店営業　　年齢・性別：20代後半・男性
- 独身のうちは社宅（寮）に入ることができます。
- 社宅は多少年数が経っていますが，きれいな物が多いです。
- 家賃もかなり安くて，住宅補助についてはかなり満足できます。
- 住宅補助以外にも，保養施設や通勤補助は非常に充実しています。

職種：法人営業　　年齢・性別：20代前半・男性
- 多くの企業のスポンサーのため，各種チケットをもらえたりします。
- 某有名遊園地の割引券も手に入ります。
- 住居手当，育児休暇など福利厚生全般はかなり充実しています。
- 通常の健康診断以外にも人間ドックを無料で受けることができます。

職種：マーケティング　　年齢・性別：20代後半・男性
- 各種福利厚生は充実しており，なかでも住宅補助は手厚いです。
- 社宅は借り上げで月1～2万円で，家賃10万以上の物件に住めます。
- 社宅住まいの場合，年収に換算すると年100万弱の手当となります。
- 健康診断・人間ドック，フィットネスなども利用できます。

職種：ネットワーク設計・構築　　年齢・性別：30代後半・男性
- 福利厚生は充実しており，有給休暇は2年目から年20日もらえます。
- 夏季休暇は5日，年末年始は6日の休暇が付与されます。
- 労働組合が強いため，サービス残業はなく，残業代は全額出ます。
- 残業時間は，職場にもよりますが，月20～30時間程度かと思います。

▶仕事のやりがい

職種：営業マネージャー　　年齢・性別：40代後半・男性

- 大規模な通信インフラの構築や保守に力を入れています。
- 通信業界の技術進歩は目覚ましいものがあり，夢があります。
- 数年後にどんなサービスができるか予想できない面白さがあります。
- 人々の日常生活に欠かせないものに携われるやりがいがあります。

職種：販促企画・営業企画　　年齢・性別：20代後半・男性

- 企画部門では若手でもやりがいのある大きな仕事を任されます。
- 関わる部門や担当が多岐にわたる場合，調整が大変なことも。
- 事務系社員は2〜3年毎にジョブローテーションがあります。
- 常に自身のキャリアパスをしっかり考えておくことが重要です。

職種：法人営業　　年齢・性別：30代前半・男性

- やった分だけ成果としてあらわれるところが面白いです。
- チームプレイの難しさはありますが，勉強になることが多いです。
- 自分個人で考える部分とチームで動くところのバランスが大切。
- お客様に革新的な製品を常に提案できるのは素晴らしいと思います。

職種：経営企画　　年齢・性別：20代前半・男性

- 良くも悪くも完全に社長トップダウンの会社です。
- 会社の成長度に関しては日本随一だと思います。
- 日々学ぶことが多く，熱意をもって取り組めば得るものは大きいです。
- 驚くぐらい優秀な人に出会えることがあり，非常に刺激になります。

▶ブラック？ホワイト？

職種：ネットワークエンジニア　　年齢・性別：30代後半・男性

・会社全体のコミュニケーションが弱く，情報共有がされにくいです。
・会社のどこの部署が何を行っているかわかりません。
・分野が違う情報は同期などのツテを頼って芋づる式に探す有様です。
・製品不具合情報等の横展開もほとんどなく，非常に効率が悪いです。

職種：代理店営業　　年齢・性別：20代後半・男性

・殿様商売と世間では言われていますが，まさにその通り。
・過去の遺産を食いつぶしているような経営方針で不安になります。
・消費者の声はほぼ届かず，上からの声だけ受け入れている感じです。
・40代後半の上層部はかなりの保守派で，時代の流れに抗っています。

職種：プロジェクトリーダー　　年齢・性別：30代前半・男性

・裁量労働制なので，残業代はありません。
・みなし労働時間は，月35時間残業相当の専門職手当が支払われますが，その範囲で業務が収まるわけがなく，長時間の残業が発生します。
・残業前提のプロジェクト計画で黒字を目論む企業体質は健在です。

職種：システムエンジニア　　年齢・性別：20代後半・男性

・裁量労働制が導入されてからは残業が常態化しています。
・定時で帰ろうものなら「あれ？　何か用事？」と言われます。
・以前は45時間以上残業する際は申請が必要なほどでしたが，裁量労働制導入後は残業が75時間を越えても何も言われません。

▶女性の働きやすさ

職種：代理店営業　　年齢・性別：30代前半・男性

・女性の労働環境がかなり整っている会社だと思います。
・出産時に一旦休み，復帰してくるケースは多いです。
・復帰後も時間短縮勤務ができるため，退職する女性は少ないです。
・会社側は女性の活用について，今後も更に取り組んでいくようです。

職種：システムエンジニア　　年齢・性別：20代前半・男性

・住宅手当など，既婚者が働きやすい環境づくりに力を入れています。
・産休・育休など社内の既婚者はほとんど活用されているようですが，
　実力主義という点はどうしてもあるので覚悟は必要です。
・産休・育休で仕事ができなくなる人は，部署移動や給与にも影響。

職種：社内SE　　年齢・性別：20代後半・女性

・産休，育休を使う人も多く，女性にはとても良い環境だと思います。
・外部講師を招き，女性の環境向上のためのセミナーなどもあります。
・会社として女性の待遇にとても力を入れているのを感じます。
・年配の上司によっては，差別的な見方の方もまだ若干いますが。

職種：システムエンジニア　　年齢・性別：20代後半・女性

・課長，部長，統括部長，事業部長に，それぞれ女性が就いています。
・育児休暇制度が整っていて，復帰して働く女性が年々増えています。
・時短勤務になるため男性に比べて出世は遅くなるようです。
・子育てをしながら管理職に昇進できる環境は整っています。

▶今後の展望

職種：営業　　年齢・性別：30代前半・男性

・国内市場は飽和状態のため，海外へ行くしかないと思いますが，経営陣に難があるためグローバル進出は難しいかもしれません。
・アジアを中心に市場開拓していますが，先行きは不透明です。
・金融事業は好調のため，引き続き当社の主軸となるでしょう。

職種：サービス企画　　年齢・性別：20代後半・男性

・事業規模が非常に大きく，現在は非常に安定しています。
・国内に閉じた事業内容なので，今後の伸びしろは微妙かと。
・海外進出の計画もあるようですが，目立った動きはまだありません。
・業種的にグローバル展開の意義はあまりないのかもしれません。

職種：新規事業・事業開発　　年齢・性別：20代後半・男性

・携帯事業以外の新規事業を模索している段階です。
・OTTプレーヤーと言われる企業に勝るサービスの創出に難航中。
・今までの成功体験や仕事のやり方からの脱却がカギだと思います。
・グローバル化にも程遠く，海外志向の人にはオススメできません。

職種：営業　　年齢・性別：20代後半・男性

・安定した収益基盤があり，しばらくは安定して推移すると思います。
・通信をベースに，周辺の事業領域が拡大する余地もあると思います。
・今後は海外展開（特にアジア圏）を積極的に進めていくようです。
・日本市場が今後縮小していく中，海外展開は大きなカギになります。

情報通信・IT 業界　国内企業リスト（一部抜粋）

会社名	本社住所
NEC ネッツエスアイ株式会社	文京区後楽 2-6-1 飯田橋ファーストタワー
株式会社システナ	東京都港区海岸 1 丁目 2 番 20 号 汐留ビルディング 14F
デジタルアーツ株式会社	東京都千代田区大手町 1-5-1 大手町ファーストスクエア ウエストタワー 14F
新日鉄住金ソリューションズ 株式会社	東京都中央区新川二丁目 20-15
株式会社コア	東京都世田谷区三軒茶屋一丁目 22 番 3 号
株式会社ソフトクリエイト ホールディングス	東京都渋谷区渋谷 2 丁目 15 番 1 号 渋谷クロスタワー
IT ホールディングス株式会社	東京都新宿区西新宿 8-17-1 住友不動産新宿グランド タワー 21F（総合受付 14F）
ネオス株式会社	東京都千代田区神田須田町 1-23-1 住友不動産神田ビル 2 号館 10F
株式会社電算システム	岐阜県岐阜市日置江 1 丁目 58 番地
グリー株式会社	東京都港区六本木 6-10-1 六本木ヒルズ森タワー
コーエーテクモ ホールディングス株式会社	神奈川県横浜市港北区箕輪町 1 丁目 18 番 12 号
株式会社三菱総合研究所	東京都千代田区永田町二丁目 10 番 3 号
株式会社ボルテージ	東京都渋谷区恵比寿 4-20-3　恵比寿ガーデンプレイス タワー 28 階
株式会社 電算	長野県長野市鶴賀七瀬中町 276-6
株式会社 ヒト・コミュニケーションズ	東京都豊島区東池袋 1-9-6
株式会社ブレインパッド	東京都港区白金台 3-2-10 白金台ビル
KLab 株式会社	東京都港区六本木 6-10-1 六本木ヒルズ森タワー
ポールトゥウィン・ピットクルー ホールディングス株式会社	東京都新宿区西新宿 2-4-1　新宿 NS ビル 11F
株式会社イーブック イニシアティブジャパン	東京都千代田区神田駿河台 2-9 KDX 御茶ノ水ビル 7F
株式会社　ネクソン	東京都中央区新川二丁目 3 番 1 号
株式会社アイスタイル	東京都港区赤坂 1-12-32 号 アーク森ビル 34 階
株式会社 エムアップ	東京都渋谷区渋谷 2-12-19 東建インターナショナルビル本館 5 階

会社名	本社住所
株式会社エイチーム	名古屋市西区牛島町 6 番 1 号 名古屋ルーセントタワー 36F
株式会社ブロードリーフ	東京都品川区東品川 4-13-14 グラスキューブ品川 8F
株式会社ハーツユナイテッドグループ	東京都港区六本木六丁目 10 番 1 号 六本木ヒルズ森タワー 34 階
株式会社ドワンゴ	東京都中央区銀座 4-12-15　歌舞伎座タワー
株式会社ベリサーブ	東京都新宿区西新宿 6-24-1 西新宿三井ビル 14 階
株式会社マクロミル	東京都港区港南 2-16-1 品川イーストワンタワー 11F
株式会社ティーガイア	東京都渋谷区恵比寿 4-1-18
株式会社豆蔵ホールディングス	東京都新宿区西新宿 2-1-1 新宿三井ビルディング 34 階
テクマトリックス株式会社	東京都港区高輪 4 丁目 10 番 8 号 京急第 7 ビル
GMO ペイメントゲートウェイ株式会社	東京都渋谷区道玄坂 1-14-6 渋谷ヒューマックスビル（受付 7 階）
株式会社ザッパラス	東京都渋谷区渋谷 2 丁目 12 番 19 号 東建インターナショナルビル
株式会社インターネットイニシアティブ	東京都千代田区神田神保町 1-105 神保町三井ビルディング
株式会社ビットアイル	東京都品川区東品川 2-5-5 HarborOne ビル 5F
株式会社 SRA ホールディングス	東京都豊島区南池袋 2-32-8
株式会社朝日ネット	東京都中央区銀座 4-12-15 歌舞伎座タワー 21 階
パナソニック インフォメーション システムズ株式会社	大阪府大阪市北区茶屋町 19 番 19 号
株式会社フェイス	京都市中京区烏丸通御池下る虎屋町 566-1 井門明治安田生命ビル
株式会社野村総合研究所	東京都千代田区丸の内 1-6-5　丸の内北口ビル
サイバネットシステム株式会社	東京都千代田区神田練塀町 3 番地 富士ソフトビル
株式会社インテージホールディングス	東京都千代田区神田練塀町 3 番地 インテージ秋葉原ビル
ソースネクスト株式会社	東京都港区虎ノ門 3-8-21　虎ノ門 33 森ビル 6 階
株式会社クレスコ	東京都港区港南 2-15-1 品川インターシティ A 棟 25 階〜27 階
株式会社フジ・メディア・ホールディングス	東京都港区台場二丁目 4 番 8 号
株式会社 オービック	東京都中央区京橋 2 丁目 4 番 15 号

会社名	本社住所
TDC ソフトウェア エンジニアリング株式会社	東京都渋谷区代々木 3-22-7 新宿文化クイントビル
ヤフー株式会社	東京都港区赤坂 9-7-1 ミッドタウン・タワー
トレンドマイクロ株式会社	東京都渋谷区代々木 2-1-1　新宿マインズタワー
日本オラクル株式会社	東京都港区北青山 2-5-8
株式会社アルファシステムズ	川崎市中原区上小田中 6 丁目 6 番 1 号
フューチャーアーキテクト 株式会社	東京都品川区大崎 1-2-2 アートヴィレッジ大崎セントラルタワー
株式会社シーエーシー	東京都中央区日本橋箱崎町 24 番 1 号
ソフトバンク・テクノロジー 株式会社	東京都新宿区西五軒町 13-1　飯田橋ビル 3 号館
株式会社トーセ	京都市下京区東洞院通四条下ル
株式会社オービックビジネス コンサルタント	東京都新宿区西新宿六丁目 8 番 1 号 住友不動産新宿オークタワー 32F
伊藤忠テクノソリューションズ 株式会社	東京都千代田区霞が関 3-2-5　霞が関ビル
株式会社アイティフォー	東京都千代田区一番町 21 番地 一番町東急ビル
株式会社 東計電算	神奈川県川崎市中原区市ノ坪 150
株式会社　エックスネット	東京都新宿区荒木町 13 番地 4　住友不動産四谷ビル 4 階
株式会社大塚商会	東京都千代田区飯田橋 2-18-4
サイボウズ株式会社	東京都文京区後楽 1-4-14 後楽森ビル 12F
ソフトブレーン株式会社	東京都中央区八重洲 2-3-1 住友信託銀行八重洲ビル 9 階
株式会社アグレックス	東京都新宿区西新宿 2 丁目 6 番 1 号 新宿住友ビル
株式会社電通国際情報サービス	東京都港区港南 2-17-1
株式会社 EM システムズ	大阪市淀川区宮原 1 丁目 6 番 1 号 新大阪ブリックビル
株式会社ウェザーニューズ	千葉県千葉市美浜区中瀬 1-3 幕張テクノガーデン
株式会社 CIJ	神奈川県横浜市西区平沼 1-2-24　横浜 NT ビル
ネットワンシステムズ株式会社	東京都千代田区丸の内二丁目 7 番 2 号　JP タワー
株式会社アルゴグラフィックス	東京都中央区日本橋箱崎町 5-14 アルゴ日本橋ビル
ソフトバンク株式会社	東京都港区東新橋 1-9-1

第3章

就職活動のはじめかた

入りたい会社は決まった。しかし「就職活動とはそもそ
も何をしていいのかわからない」「どんな流れで進むか
わからない」という声は意外と多い。ここでは就職活
動の一般的な流れや内容，対策について解説していく。

▶就職活動のスケジュール

3月	**4**月	**6**月

就職活動スタート

> 2025年卒の就活スケジュールは,経団連と政府を中心に議論され,2024年卒の採用選考スケジュールから概ね変更なしとされている。

エントリー受付・提出

OB・OG訪問

> 企業の説明会には積極的に参加しよう。独自の企業研究だけでは見えてこなかった新たな情報を得る機会であるとともに,モチベーションアップにもつながる。また,説明会に参加した者だけに配布する資料などもある。

合同企業説明会　　個別企業説明会

筆記試験・面接試験等始まる（3月〜）

内々定（大手企業）

2月末までにやっておきたいこと

就職活動が本格化する前に,以下のことに取り組んでおこう。
◎自己分析　◎インターンシップ　◎筆記試験対策
◎業界研究・企業研究　◎学内就職ガイダンス
自分が本当にやりたいことはなにか,自分の能力を最大限に活かせる会社はどこか。自己分析と企業研究を重ね,それを文章などにして明確にしておき,面接時に最大限に活用できるようにしておこう。

7月　　　　**8月**　　　　**10月**

中 小 企 業 採 用 本 格 化

内定者の数が採用予定数に満たない企業、1年を通して採用を継続している企業、夏休み以降に採用活動を実施企業(後期採用)は採用活動を継続して行っている。大企業でも後期採用を行っていることもあるので、企業から内定が出ても、納得がいかなければ継続して就職活動を行うこともある。

中小企業の採用が本格化するのは大手企業より少し遅いこの時期から。HPなどで採用情報をつかむとともに、企業研究も怠らないようにしよう。

内々定とは10月1日以前に通知(電話等)されるもの。内定に関しては現在協定があり、10月1日以降に文書等にて通知される。

内々定(中小企業)　　　　内定式(10月〜)

どんな人物が求められる?

多くの企業は、常識やコミュニケーション能力があり、社会のできごとに高い関心を持っている人物を求めている。これは「会社の一員として将来の企業発展に寄与してくれるか」という視点に基づく、もっとも普遍的な選考基準だ。もちろん、「自社の志望を真剣に考えているか」「自社の製品、サービスにどれだけの関心を向けているか」という熱意の部分も重要な要素になる。

就活ロールプレイ！

内定までの道のりは，大きく分けると以下のようになる。

自 己 分 析

↓

企 業 研 究

↓

エントリーシート・筆記試験・面接

↓

内 　 定

01 まず自己分析からスタート

　就職活動とは，「企業に自分をPRすること」。自分自身の興味，価値観に加えて，強み・能力という要素が加わって，初めて企業側に「自分が働いたら，こういうポイントで貢献できる」と自分自身を売り込むことができるようになる。

■自分の来た道を振り返る

　自己分析をするための第一歩は，「振り返ってみる」こと。

　小学校，中学校など自分のいた"場"ごとに何をしたか（部活動など），何を学んだか，交友関係はどうだったか，興味のあったこと，覚えている印象的なことを書き出してみよう。

■テストを受けてみる

　"自分では気がついていない能力"を客観的に検査してもらうことで，自分に向いている職種が見えてくる。下記の5種類が代表的なものだ。

①職業適性検査　　②知能検査　　③性格検査

④職業興味検査　　⑤創造性検査

■**先輩や専門家に相談してみる**

　就職活動をするうえでは，"いかに他人に自分のことをわかってもらうか"が重要なポイント。他者の視点で自分を分析してもらうことで，より客観的な視点で自己PRができるようになる。

自己分析の流れ

❑過去の経験を書いてみる

❑現在の自己イメージを明確にする…行動，考え方，好きなものなど。

❑他人から見た自分を明確にする

❑将来の自分を明確にしてみる…どのような生活をおくっていたいか。期待，夢，願望。なりたい自分はどういうものか，掘り下げて考える。→自己分析結果を，志望動機につなげていく。

01　企業の絞り込み

　志望企業の絞り込みについての考え方は大きく分けて2つある。

　第1は，同一業種の中で1次候補，2次候補……と絞り込んでいく方法。

　第2は，業種を1次，2次，3次候補と変えながら，それぞれに2社程度ずつ絞り込んでいく方法。

　第1の方法では，志望する同一業種の中で，一流企業，中堅企業，中小企業，縁故などがある歯止めの会社……というふうに絞り込んでいく。

　第2の方法では，自分が最も望んでいる業種，将来好きになれそうな業種，発展性のある業種，安定性のある業種，現在好況な業種……というふうに区別して，それぞれに適当な会社を絞り込んでいく。

02　情報の収集場所

- ・キャリアセンター
- ・新聞
- ・インターネット
- ・企業情報

『就職四季報』（東洋経済新報社刊），『日経会社情報』（日本経済新聞社刊）などの企業情報。この種の資料は本来"株式市場"についての資料だが，その時期の景気動向を含めた情報を仕入れることができる。

- ・経済雑誌

『ダイヤモンド』（ダイヤモンド社刊）や『東洋経済』（東洋経済新報社刊），『エコノミスト』（毎日新聞出版刊）など。

- ・OB・OG／社会人

①成長力

　まず"売上高"。次に資本力の問題や利益率などの比率。いくら資本金があっても，それを上回る膨大な借金を抱えていて，いくら稼いでも利払いに追われまくるようでは，成長できないし，安定できない。

　成長力を見るには自己資本率を割り出してみる。自己資本を総資本で割って100を掛けると自己資本率がパーセントで出てくる。自己資本の比率が高いほうが成長力もあり安定度も高い。

　利益率は純利益を売上高で割って100を掛ける。利益率が高ければ，企業はどんどん成長するし，社員の待遇も上昇する。利益率が低いということは，仕事がどんなに忙しくても利益にはつながらないということになる。

②技術力

　技術力は，短期的な見方と長期的な展望が必要になってくる。研究部門が適切な規模か，大学など企業外の研究部門との連絡があるか，先端技術の分野で開発を続けているかどうかなど。

③経営者と経営形態

　会社が将来，どのような発展をするか，または衰退するかは経営者の経営哲学，経営方針によるところが大きい。社長の経歴を知ることも必要。創始者の息子，孫といった親族が社長をしているのか，サラリーマン社長か，官庁などからの天下りかということも大切なチェックポイント。

④社風

　社風というのは先輩社員から後輩社員に伝えられ，教えられるもの。社風もいろいろな面から必ずチェックしよう。

⑤安定性

　企業が成長しているか，安定しているかということは車の両輪。どちらか片方の回転が遅くなっても企業はバランスを失う。安定し，しかも成長する。これが企業として最も理想とするところ。

⑥待遇

　初任給だけを考えてみても，それが手取りなのか，基本給なのか。基本給というのはボーナスから退職金，定期昇給の金額にまで響いてくる。また，待遇というのは給与ばかりではなく，福利厚生施設でも大きな差が出てくる。

■そのほかの会社比較の基準

1. ゆとり度

休暇制度は，企業によって独自のものを設定しているところもある。「長期休暇制度」といったものなどの制定状況と，また実際に取得できているかどうかも調べたい。

2. 独身寮や住宅設備

最近では，社宅は廃止し，住宅手当を多く出すという流れもある。寮や社宅についての福利厚生は調べておく。

3. オフィス環境

会社に根づいた慣習や社員に対する考え方が，意外にオフィスの設備やレイアウトに表れている場合がある。

たとえば，個人の専有スペースの広さや区切り方，パソコンなどOA機器の設置状況，上司と部下の机の配置など，会社によってずいぶん違うもの。玄関ロビーや受付の様子を観察するだけでも，会社ごとのカラーや特徴がどこかに見えてくる。

4. 勤務地

転勤はイヤ，どうしても特定の地域で生活していきたい。そんな声に応えて，最近は流通業などを中心に，勤務地限定の雇用制度を取り入れる企業も増えている。

---

column　初任給では分からない本当の給与

会社の給与水準には「初任給」「平均給与」「平均ボーナス」「モデル給与」など，判断材料となるいくつかのデータがある。これらのデータからその会社の給料の優劣を判断するのは非常に難しい。

たとえば中小企業の中には，初任給が飛び抜けて高い会社がときどきある。しかしその後の昇給率は大きくないのがほとんど。

一方，大手企業の初任給は業種間や企業間の差が小さく，ほとんど横並びと言っていい。そこで，「平均給与」や「平均ボーナス」などで将来の予測をするわけだが，これは一応の目安とはなるが，個人差があるので正確とは言えない。

■決定版「就職ノート」はこう作る

　1冊にすべて書き込みたいという人には, ルーズリーフ形式のノートがお勧め。会社研究, スケジュール, 時事用語, OB／OG訪問, 切り抜きなどの項目を作りインデックスをつける。

　カレンダー, 説明会, 試験などのスケジュール表を貼り, とくに会社別の説明会, 面談, 書類提出, 試験の日程がひと目で分かる表なども作っておく。そして見開き2ページで1社を載せ, 左ページに企業研究, 右ページには志望理由, 自己PRなどを整理する。

就職ノートの主なチェック項目

❏企業研究…資本金, 業務内容, 従業員数など基礎的な会社概要から, 過去の採用状況, 業務報告などのデータ

❏採用試験メモ…日程, 条件, 提出書類, 採用方法, 試験の傾向など

❏店舗・営業所見学メモ…流通関係, 銀行などの場合は, 客として訪問し, 商品 (値段, 使用価値, ユーザーへの配慮), 店員 (接客態度, 商品知識, 熱意, 親切度), 店舗 (ショーケース, 陳列の工夫, 店内の清潔さ) などの面をチェック

❏OB／OG訪問メモ…OB／OGの名前, 連絡先, 訪問日時, 面談場所, 質疑応答のポイント, 印象など

❏会社訪問メモ…連絡先, 人事担当者名, 会社までの交通機関, 最寄り駅からの地図, 訪問のときに得た情報や印象, 訪問にいたるまでの経過も記入

　「OB／OG訪問」は，実際は採用予備選考開始。まず，OB／OG訪問を希望したら，大学のキャリアセンター，教授などの紹介で，志望企業に勤める先輩の手がかりをつかむ。もちろん直接電話なり手紙で，自分の意向を会社側に伝えてもいい。自分の在籍大学，学部をはっきり言って，「先輩を紹介していただけないでしょうか」と依頼しよう。

参考

OB／OG訪問時の質問リスト例

● **採用について**
- ・成績と面接の比重
- ・評価のポイント
- ・採用までのプロセス（日程）
- ・筆記試験の傾向と対策
- ・面接は何回あるか
- ・コネの効力はどうか
- ・面接で質問される事項　etc.

● **仕事について**
- ・内容（入社10年, 20年のOB/OG）
- ・新入社員の仕事
- ・希望職種につけるのか
- ・やりがいはどうか
- ・残業，休日出勤，出張など
- ・同業他社と比較してどうか　etc.

● **社風について**
- ・社内のムード
- ・上司や同僚との関係
- ・仕事のさせ方　etc.

● **待遇について**
- ・給与について
- ・福利厚生の状態
- ・昇進のスピード
- ・離職率について　etc.

06 インターンシップ

インターンシップとは，学生向けに企業が用意している「就業体験」プログラム。ここで学生はさまざまな企業の実態をより深く知ることができ，その後の就職活動において自己分析，業界研究，職種選びなどに活かすことができる。また企業側にとっても有能な学生を発掘できるというメリットがあるため，導入する企業は増えている。

インターンシップ参加が採用につながっているケースもあるため，たくさん参加してみよう。

column　コネを利用するのも１つの手段？

コネを活用できるのは，以下のような場合である。

・企業と大学に何らかの「連絡」がある場合

企業の新卒採用の場合，特定校・指定校が決められていることもある。企業側が過去の実績などに基づいて決めており，大学の力が大きくものをいう。

とくに理工系では，指導教授や研究室と企業との連絡が密接な場合が多く，教授の推薦が有利であることは言うまでもない。同じ大学出身の先輩とのコネも，この部類に区分できる。

・志望企業と「関係」ある人と関係がある場合

一般的に言えば，志望企業の取り引き先関係からの紹介というのが一番多い。ただし，年間億単位の実績が必要で，しかも部長・役員以上につながっていなければコネがあるとは言えない。

・志望企業と何らかの「親しい関係」がある場合

志望企業に勤務したりアルバイトをしていたことがあるという場合。インターンシップもここに分類される。職場にも馴染みがあり人間関係もできているので，就職に際してきわめて有利。

・志望会社に関係する人と「縁故」がある場合

縁故を「血縁関係」とした場合，日本企業ではこのコネはかなり有効なところもある。ただし，血縁者が同じ会社にいるというのは不都合なことも多いので，どの企業も慎重。

07 会社説明会のチェックポイント

1. 受付の様子

　受付事務がテキパキとしていて，分かりやすいかどうか。社員の態度が親切で誠意が伝わってくるかどうか。

　こういった受付の様子からでも，その会社の社員教育の程度や，新入社員採用に対する熱意とか期待を推し測ることができる。

2. 控え室の様子

　控え室が2カ所以上あって，国立大学と私立大学の訪問者とが，別々に案内されているようなことはないか。また，面談の順番を意図的に変えているようなことはないか。これはよくある例で，すでに大半は内定しているということを意味する場合が多い。

3. 社内の雰囲気

　社員の話し方，その内容を耳にはさむだけでも，社風が伝わってくる。

4. 面談の様子

　何時間も待たせたあげくに，きわめて事務的に，しかも投げやりな質問しかしないような採用担当者である場合，この会社は人事が適正に行われていないということだから，一考したほうがよい。

参考 ▶ 説明会での質問項目

・質問内容が抽象的でなく，具体性のあるものかどうか。
・質問内容は，現在の社会・経済・政治などの情況を踏まえた，
　大学生らしい高度で専門性のあるものか。
・質問をするのはいいが，「それでは，あなたの意見はどうか」と
　逆に聞かれたとき，自分なりの見解が述べられるものであるか。

提出書類を用意する

提出する書類は6種類。①〜③が大学に申請する書類，④〜⑥が自分で書く書類だ。大学に申請する書類は一度に何枚も入手しておこう。

①「卒業見込証明書」

②「成績証明書」

③「健康診断書」

④「履歴書」

⑤「エントリーシート」

⑥「会社説明会アンケート」

■自分で書く書類は「自己PR」

第1次面接に進めるか否かは「自分で書く書類」の出来にかかっている。「履歴書」と「エントリーシート」は会社説明会に行く前に準備しておくもの。「会社説明会アンケート」は説明会の際に書き，その場で提出する書類だ。

01 履歴書とエントリーシートの違い

Webエントリーを受け付けている企業に資料請求をすると，資料と一緒に「エントリーシート」が送られてくるので，応募サイトのフォームやメールでエントリーシートを送付する。Webエントリーを行っていない企業には，ハガキやメールで資料請求をする必要があるが，「エントリーシート」は履歴書とは異なり，企業が設定した設問に対して回答するもの。すなわちこれが「1次試験」であり，これにパスをした人だけが会社説明会に呼ばれる。

■字はていねいに

字を書くところから，その企業に対する"本気度"は測られている。

■誤字，脱字は厳禁

使用するのは，黒のインク。

■修正液使用は不可

■数字は算用数字

■自分の広告を作るつもりで書く

自分はこういう人間であり，何がしたいかということを簡潔に書く。メリットになることだけで良い。自分に損になるようなことを書く必要はない。

■「やる気」を示す具体的なエピソードを

「私はやる気があります」「私は根気があります」という抽象的な表現だけではNG。それを示すエピソードのようなものを書かなくては意味がない。

```
─Point─────────────────────
│ 自己紹介欄の項目はすべて「自己PR」。自分はこういう人間であることを印
│ 象づけ，それがさらに企業への「志望動機」につながっていくような書き方
│ をする。
└─────────────────────────
```

```
──column── 履歴書やエントリーシートは，共通でもいい？

「履歴書」や「エントリーシート」は企業によって書き分ける。業種はもちろん，同じ業界の企業であっても求めている人材が違うからだ。各書類は提出前にコピーを取り，さらに出した企業名を忘れずに書いておくことも大切だ。
```

履歴書記入のPoint

写真	スナップ写真は不可。 スーツ着用で,胸から上の物を使用する。ポイントは「清潔感」。 氏名・大学名を裏書きしておく。
日付	郵送の場合は投函する日,持参する場合は持参日の日付を記入する。
生年月日	西暦は避ける。元号を省略せずに記入する。
氏名	戸籍上の漢字を使う。印鑑押印欄があれば忘れずに押す。
住所	フリガナ欄がカタカナであればカタカナで,平仮名であれば平仮名で記載する。
学歴	最初の行の中央部に「学□□歴」と2文字程度間隔を空けて,中学校卒業から大学(卒業・卒業見込み)まで記入する。 中途退学の場合は,理由を簡潔に記載する。留年は記入する必要はない。 職歴がなければ,最終学歴の一段下の行の右隅に,「以上」と記載する。
職歴	最終学歴の一段下の行の中央部に「職□□歴」と2文字程度間隔を空け記入する。 「株式会社」や「有限会社」など,所属部門を省略しないで記入する。 「同上」や「〃」で省略しない。 最終職歴の一段下の行の右隅に,「以上」と記載する。
資格・免許	4級以下は記載しない。学習中のものも記載して良い。 「普通自動車第一種運転免許」など,省略せずに記載する。
趣味・特技	具体的に(例:読書でもジャンルや好きな作家を)記入する。
志望理由	その企業の強みや良い所を見つけ出したうえで,「自分の得意な事」がどう活かせるかなどを考えぬいたものを記入する。
自己PR	応募企業の事業内容や職種にリンクするような,自分の経験やスキルなどを記入する。
本人希望欄	面接の連絡方法,希望職種・勤務地などを記入する。「特になし」や空白はNG。
家族構成	最初に世帯主を書き,次に配偶者,それから家族を祖父母,兄弟姉妹の順に。続柄は,本人から見た間柄。兄嫁は,義姉と書く。
健康状態	「良好」が一般的。

理論編 STEP4 エントリーシートの記入

01 エントリーシートの目的

・応募者を，決められた採用予定者数に絞り込むこと
・面接時の資料にする
の2つ。

■知りたいのは職務遂行能力

採用担当者が学生を見る場合は,「こいつは与えられた仕事をこなせるかどうか」という目で見ている。企業に必要とされているのは仕事をする能力なのだ。

Point

質問に忠実に, "自分がいかにその会社の求める人材に当てはまるか"を
丁寧に答えること。

02 効果的なエントリーシートの書き方

■情報を伝える書き方

課題をよく理解していることを相手に伝えるような気持ちで書く。

■文章力

大切なのは全体のバランスが取れているか。書く前に，何をどれくらいの字数で収めるか計算しておく。

「起承転結」でいえば,「起」は，文章を起こす導入部分。「承」は，起を受けて，その提起した問題に対して承認を求める部分。「転」は，自説を展開する部分。もっともオリジナリティが要求される。「結」は,最後の締めの結論部分。文章の構成・まとめる力で，総合的な能力が高いことをアピールする。

エントリーシートでよく取り上げられる題材と，その出題意図

エントリーシートで求められるものは，「自己PR」「志望動機」「将来どうなりたいか（目指すこと）」の3つに大別される。

1.「自己PR」

自己分析にしたがって作成していく。重要なのは，「なぜそうしようと思ったか？」「○○をした結果，何が変わったのか？何を得たのか？」という"連続性"が分かるかどうかがポイント。

2.「志望動機」

自己PRと一貫性を保ち，業界志望理由と企業志望理由を差別化して表現するように心がける。志望する業界の強みと弱み，志望企業の強みと弱みの把握は基本。

3.「将来の展望」

どんな社員を目指すのか，仕事へはどう臨もうと思っているか，目標は何か，などが問われる。仕事内容を事前に把握しておくだけでなく，5年後の自分，10年後の自分など，具体的な将来像を描いておくことが大切。

表現力，理解力のチェックポイント

❏文法，語法が正しいかどうか
❏論旨が論理的で一貫しているかどうか
❏1センテンスが簡潔かどうか
❏表現が統一されているかどうか（「です，ます」調か「だ，である」調か）

01 個人面接

●自由面接法

面接官と受験者のキャラクターやその場の雰囲気，質問と応答の進行具合などによって雑談形式で自由に進められる。

●標準面接法

自由面接法とは逆に，質問内容や評価の基準などがあらかじめ決まっている。実際には自由面接法と併用で，おおまかな質問事項や判定基準，評価ポイントを決めておき，質疑応答の内容上の制限を緩和しておくスタイルが一般的。1次面接などでは標準面接法をとり，2次以降で自由面接法をとる企業も多い。

●非指示面接法

受験者に自由に発言してもらい，面接官は話題を引き出したりするときなど，最小限の質問をするという方法。

●圧迫面接法

わざと受験者の精神状態を緊張させ，受験者がどのような応答をするかを観察し，判定する。受験者は，冷静に対応することが肝心。

02 集団面接

面接の方法は個人面接と大差ないが，面接官がひとつの質問をして，受験者が順にそれに答えるという方法と，面接官が司会役になって，座談会のような形式で進める方法とがある。

座談会のようなスタイルでの面接は，なるべく受験者全員が関心をもっているような話題を取りあげ，意見を述べさせるという方法。この際，司会役以外の面接官は一言も発言せず，判定・評価に専念する。

03 グループディスカッション

　グループディスカッション（以下，GD）の時間は30～60分程度，1グループの人数は5～10人程度で，司会は面接官が行う場合や，時間を決めて学生が交替で行うことが多い。面接官は内容については特に指示することはなく，受験者がどのようにGDを進めるかを観察する。

　評価のポイントは，全体的には理解力，表現力，指導性，積極性，協調性など，個別的には性格，知識，適性などが観察される。

　GDの特色は，集団の中での個人ということで，受験者の能力がどの程度のものであるか，また，どのようなことに向いているかを判定できること。受験者は，グループの中における自分の位置を面接官に印象づけることが大切だ。

グループディスカッション方式の面接におけるチェックポイント

- ❑ 全体の中で適切な論点を提供できているかどうか。
- ❑ 問題解決に役立つ知識を持っているか，また提供できているかどうか。
- ❑ もつれた議論を解きほぐし，的はずれの議論を元に引き戻す努力をしているかどうか。
- ❑ グループ全体としての目標をいつも考えているかどうか。
- ❑ 感情的な対立や攻撃をしかけているようなことはないか。
- ❑ 他人の意見に耳を傾け，よい意見には賛意を表し，それを全体に推し広げようという寛大さがあるかどうか。
- ❑ 議論の流れを自然にリードするような主導性を持っているかどうか。
- ❑ 提出した意見が議論の進行に大きな影響を与えているかどうか。

04 面接時の注意点

●控え室

　控え室には，指定された時間の15分前には入室しよう。そこで担当の係から，面接に際しての注意点や手順の説明が行われるので，疑問点は積極的に聞くようにし，心おきなく面接にのぞめるようにしておこう。会社によっては，所定のカードに必要事項を書き込ませたり，お互いに自己紹介をさせたりする場合もある。また，この控え室での行動も細かくチェックして，合否の資料にしている会社もある。

●入室・面接開始

係員がドアの開閉をしてくれる場合もあるが，それ以外は軽くノックして入室し，必ずドアを閉める。そして入口近くで軽く一礼し，面接官か補助員の「どうぞ」という指示で正面の席に進み，ここで再び一礼をする。そして，学校名と氏名を名のって静かに着席する。着席時は，軽く椅子にかけるようにする。

●面接終了と退室

面接の終了が告げられたら，椅子から立ち上がって一礼し，椅子をもとに戻して，面接官または係員の指示を受けて退室する。

その際も，ドアの前で面接官のほうを向いて頭を下げ，静かにドアを開閉する。控え室に戻ったら，係員の指示を受けて退社する。

05 面接試験の評定基準

●協調性

企業という「集団」では，他人との協調性が特に重視される。

感情や態度が円満で調和がとれていること，極端に好悪の情が激しくなく，物事の見方や考え方が穏健で中立であることなど，職場での人間関係を円滑に進めていくことのできる人物かどうかが評価される。

●話し方

外観印象的には，言語の明瞭さや応答の態度そのものがチェックされる。小さな声で自信のない発言，乱暴野卑な発言は減点になる。

考えをまとめたら，言葉を選んで話すくらいの余裕をもって，真剣に応答しようとする姿勢が重視される。軽率な応答をしたり，まして発言に矛盾を指摘されるような事態は極力避け，もしそのような状況になりそうなときは，自分の非を認めてはっきりと謝るような態度を示すべき。

●好感度

実社会においては，外観による第一印象が，人間関係や取引に大きく影響を及ぼす。

「フレッシュな爽やかさ」に加え，入社志望など，自分の意思や希望をより明確にすることで，強い信念に裏づけられた姿勢をアピールできるよう努力したい。

●判断力

何を質問されているのか，何を答えようとしているのか，常に冷静に判断していく必要がある。

● 表現力

話に筋道が通り理路整然としているか，言いたいことが簡潔に言えるか，話し方に抑揚があり聞く者に感銘を与えるか，用語が適切でボキャブラリーが豊富かどうか。

● 積極性

活動意欲があり，研究心旺盛であること，進んで物事に取り組み，創造的に解決しようとする意欲が感じられること，話し方にファイトや情熱が感じられること，など。

● 計画性

見通しをもって順序よく合理的に仕事をする性格かどうか，またその能力の有無。企業の将来性のなかに，自分の将来をどうかみ合わせていこうとしているか，現在の自分を出発点として，何を考え，どんな仕事をしたいのか。

● 安定性

情緒の安定は，社会生活に欠くことのできない要素。自分自身をよく知っているか，他の人に流されない信念をもっているか。

● 誠実性

自分に対して忠実であろうとしているか，物事に対してどれだけ誠実な考え方をしているか。

● 社会性

企業は集団活動なので，自分の考えに固執したり，不平不満が多い性格は向かない。柔軟で適応性があるかどうか。

清潔感や明朗さ，若々しさといった外観面も重視される。

06 面接試験の質問内容

1. 志望動機

受験先の概要や事業内容はしっかりと頭の中に入れておく。また，その企業の企業活動の社会的意義と，自分自身の志望動機との関連を明確にしておく。「安定している」「知名度がある」「将来性がある」といった利己的な動機，「自

分の性格に合っている」というような，あいまいな動機では説得力がない。安定性や将来性は，具体的にどのような企業努力によって支えられているのかという考察も必要だし，それに対する受験者自身の評価や共感なども問われる。

　①どうしてその業種なのか

　②どうしてその企業なのか

　③どうしてその職種なのか

　以上の①〜③と，自分の性格や資質，専門などとの関連性を説明できるようにしておく。

　自分がどうしてその会社を選んだのか，どこに大きな魅力を感じたのかを，できるだけ具体的に，情熱をもって語ることが重要。自分の長所と仕事の適性を結びつけてアピールし，仕事のやりがいや仕事に対する興味を述べるのもよい。

■複数の企業を受験していることは言ってもいい？

　同じ職種，同じ業種で何社かかけもちしている場合，正直に答えてもかまわない。しかし，「第一志望はどこですか」というような質問に対して，正直に答えるべきかどうかというと，やはりこれは疑問がある。どんな会社でも，他社を第一志望にあげられれば，やはり愉快には思わない。

　また，職種や業種の異なる会社をいくつか受験する場合も同様で，極端に性格の違う会社をあげれば，その矛盾を突かれるのは必至だ。

2. 仕事に対する意識・職業観

　採用試験の段階では，次年度の配属予定が具体的に固まっていない会社もかなりある。具体的に職種や部署などを細分化して募集している場合は別だが，そうでない場合は，希望職種をあまり狭く限定しないほうが賢明。どの業界においても，採用後，新入社員には，研修としてその会社の各セクションをひと通り経験させる企業は珍しくない。そのうえで，具体的な配属計画を検討するのだ。

　大切なことは，就職や職業というものを，自分自身の生き方の中にどう位置づけるか，また，自分の生活の中で仕事とはどういう役割を果たすのかを考えてみること。つまり自分の能力を活かしたい，社会に貢献したい，自分の存在価値を社会的に実現してみたい，ある分野で何か自分の力を試してみたい……，などの場合を考え，それを自分自身の人生観，志望職種や業種などとの関係を考えて組み立ててみる。自分の人生観をもとに，それを自分の言葉で表現できるようにすることが大切。

3. 自己紹介・自己PR

性格そのものを簡単に変えたり，欠点を克服したりすることは実際には難しいが，"仕方がない"という姿勢を見せることは禁物で，どんなささいなことでも，努力している面をアピールする。また一般的にいって，専門職を除けば，就職時になんらかの資格や技能を要求する企業は少ない。

ただ，資格をもっていれば採用に有利とは限らないが，専門性を要する業種では考慮の対象とされるものもある。たとえば英検，簿記など。

企業が学生に要求しているのは，4年間の勉学を重ねた学生が，どのように仕事に有用であるかということで，学生の知識や学問そのものを聞くのが目的ではない。あくまで，社会人予備軍としての謙虚さと素直さを失わないようにする。

知識や学力よりも，その人の人間性，ビジネスマンとしての可能性を重視するからこそ，面接担当者は，学生生活全般について尋ねることで，書類だけでは分からない人間性を探ろうとする。

何かうち込んだものや思い出に残る経験などは，その人の人間的な成長になんらかの作用を及ぼしているものだ。どんな経験であっても，そこから受けた印象や教訓などは，明確に答えられるようにしておきたい。

4. 一般常識・時事問題

一般常識・時事問題については筆記試験の分野に属するが，面接でこうしたテーマがもち出されることも珍しくない。受験者がどれだけ社会問題に関心をもっているか，一般常識をもっているか，また物事の見方・考え方に偏りがないかなどを判定する。知識や教養だけではなく，一問一答の応答を通じて，その人の性格や適応能力まで判断されることになる。

07 面接に向けての事前準備

■面接試験1カ月前までには万全の準備をととのえる

●志望会社・職種の研究

新聞の経済欄や経済雑誌などのほか，会社年鑑，株式情報など書物による研究をしたり，インターネットにあがっている企業情報や，検索によりさまざまな角度から調べる。すでにその会社へ就職している先輩や知人に会って知識を得たり，大学のキャリアセンターへ情報を求めるなどして総合的に判断する。

■専攻科目の知識・卒論のテーマなどの整理

大学時代にどれだけ勉強してきたか，専攻科目や卒論のテーマなどを整理しておく。

■**時事問題に対する準備**

毎日欠かさず新聞を読む。志望する企業の話題は，就職ノートに整理するなどもアリ。

面接当日の必需品

❏必要書類（履歴書，卒業見込証明書，成績証明書，健康診断書，推薦状）

❏学生証

❏就職ノート（志望企業ファイル）

❏印鑑，朱肉

❏筆記用具（万年筆，ボールペン，サインペン，シャープペンなど）

❏手帳，ノート

❏地図（訪問先までの交通機関などをチェックしておく）

❏現金（小銭も用意しておく）

❏腕時計（オーソドックスなデザインのもの）

❏ハンカチ，ティッシュペーパー

❏くし，鏡（女性は化粧品セット）

❏シューズクリーナー

❏ストッキング

❏折りたたみ傘（天気予報をチェックしておく）

❏携帯電話，充電器

理論編 STEP6　筆記試験の種類

■一般常識試験

> 社会人として企業活動を行ううえで最低限必要となる一般常識のほか，
> 英語，国語，社会(時事問題)，数学などの知識の程度を確認するもの。

　難易度はおおむね中学・高校の教科書レベル。一般常識の問題集を1冊やっておけばよいが，業界によっては専門分野が出題されることもあるため，必ず志望する企業のこれまでの試験内容は調べておく。

■一般常識試験の対策

・英語　慣れておくためにも，教科書を復習する，英字新聞を読むなど。

・国語　漢字，四字熟語，反対語，同音異義語，ことわざをチェック。

・時事問題　新聞や雑誌，テレビ，ネットニュースなどアンテナを張っておく。

■適性検査

　SPI（Synthetic Personality Inventory）試験（SPI3試験）とも呼ばれ，能力テストと性格テストを合わせたもの。

　能力テストでは国語能力を測る「言語問題」と，数学能力を測る「非言語問題」がある。言語的能力，知覚能力，数的能力のほか，思考・推理能力，記憶力，注意力などの問題で構成されている。

　性格テストは「はい」か「いいえ」で答えていく。仕事上の適性と性格の傾向などが一致しているかどうかをみる。

> SPIは職務への適応性を客観的にみるためのもの。

01 「論文」と「作文」

　一般に「論文」はあるテーマについて自分の意見を述べ，その論証をする文章で，必ず意見の主張とその論証という2つの部分で構成される。問題提起と論旨の展開，そして結論を書く。

　「作文」は，一般的には感想文に近いテーマ，たとえば「私の興味」「将来の夢」といったものがある。

　就職試験では「論文」と「作文」を合わせた"論作文"とでもいうようなものが出題されることが多い。

　論作文試験とは，「文章による面接」。テーマに書き手がどういう態度を持っているかを知ることが，出題の主な目的だ。受験者の知識・教養・人生観・社会観・職業観，そして将来への希望などが，どのような思考を経て，どう表現されているかによって，企業にとって，必要な人物かどうかを判断している。

　論作文の場合には，書き手の社会的意識や考え方に加え，「感銘を与える」働きが要求される。就職活動とは，企業に対し「自分をアピールすること」だということを常に念頭に置いておきたい。

Point

論文と作文の違い

	論　　文	作　　文
テーマ	学術的・社会的・国際的なテーマ。時事，経済問題など	個人的・主観的なテーマ。人生観，職業観など
表現	自分の意見や主張を明確に述べる。	自分の感想を述べる。
展開	四段型（起承転結）の展開が多い。	三段型（はじめに・本文・結び）の展開が多い。
文体	「だ調・である調」のスタイルが多い。	「です調・ます調」のスタイルが多い。

02 採点のポイント

・テーマ

与えられた課題（テーマ）を，受験者はどのように理解しているか。

出題されたテーマの意義をよく考え，それに対する自分の意見や感情が，十分に整理されているかどうか。

・表現力

課題について本人が感じたり，考えたりしたことを，文章で的確に表しているか。

・字・用語・その他

かなづかいや送りがなが合っているか，文中で引用されている格言やことわざの類が使用法を間違えていないか，さらに誤字・脱字に至るまで，文章の基本的な力が受験者の人柄ともからんで厳密に判定される。

・オリジナリティ

魅力がある文章とは，オリジナリティを率直に出すこと。自分の感情や意見を，自分の言葉で表現する。

・生活態度

文章は，書き手の人格や人柄を映し出す。平素の社会的関心や他人との協調性，趣味や読書傾向はどうであるかといった，受験者の日常における生き方，生活態度がみられる。

・字の上手・下手

できるだけ読みやすい字を書く努力をする。また，制限字数より文章が長くなって原稿用紙の上下や左右の空欄に書き足したりすることは避ける。消しゴムで消す場合にも，丁寧に。

いずれの場合でも，表面的な文章力を問うているのではなく，受験者の人柄のほうを重視している。

実践編 マナーチェックリスト

就活において企業の人事担当は，面接試験やOG／OB訪問，そして面接試験において，あなたのマナーや言葉遣いといった，「常識力」をチェックしている。現在の自分はどのくらい「常識力」が身についているかをチェックリストで振りかえり，何ができて，何ができていないかを明確にしたうえで，今後の取り組みに生かしていこう。

評価基準　5：大変良い　4：やや良い　3：どちらともいえない　2：やや悪い　1：悪い

	項　目	評　価	メ　モ
挨拶	明るい笑顔と声で挨拶をしているか		
	相手を見て挨拶をしているか		
	相手より先に挨拶をしているか		
	お辞儀を伴った挨拶をしているか		
	直接の応対者でなくても挨拶をしているか		
表情	笑顔で応対しているか		
	表情に私的感情がでていないか		
	話しかけやすい表情をしているか		
	相手の話は真剣な顔で聞いているか		
身だしなみ	前髪は目にかかっていないか		
	髪型は乱れていないか／長い髪はまとめているか		
	髭の剃り残しはないか／化粧は健康的か		
	服は汚れていないか／清潔に手入れされているか		
	機能的で職業・立場に相応しい服装をしているか		
	華美なアクセサリーはつけていないか		
	爪は伸びていないか		
	靴下の色は適当か／ストッキングの色は自然な肌色か		
	靴の手入れは行き届いているか		
	ポケットに物を詰めすぎていないか		

項　目	評　価	メ　モ
言葉遣い 専門用語を使わず，相手にわかる言葉で話しているか		
状況や相手に相応しい敬語を正しく使っているか		
相手の聞き取りやすい音量・速度で話しているか		
語尾まで丁寧に話しているか		
気になる言葉癖はないか		
動作 物の授受は両手で丁寧に実施しているか		
案内・指し示し動作は適切か		
キビキビとした動作を心がけているか		
心構え 勤務時間・指定時間の5分前には準備が完了しているか		
心身ともに健康管理をしているか		
仕事とプライベートの切替えができているか		

☑ 常に自己点検をするクセをつけよう

「人を表情やしぐさ，身だしなみなどの見かけで判断してはいけない」と一般にいわれている。確かに，人の個性は見かけだけではなく，内面においても見いだされるもの。しかし，私たちは人を第一印象である程度決めてしまう傾向がある。それが面接試験など初対面の場合であればなおさらだ。したがって，チェックリストにあるような挨拶，表情，身だしなみ等に注意して面接試験に臨むことはとても重要だ。ただ，これらは面接試験前にちょっと対策したからといって身につくようなものではない。付け焼き刃的な対策をして面接試験に臨んでも，面接官はあっという間に見抜いてしまう。日頃からチェックリストにあるような項目を意識しながら行動することが大事であり，そうすることで，最初はぎこちない挨拶や表情等も，その人の個性に応じたすばらしい所作へ変わっていくことができるのだ。さっそく，本日から実行してみよう。

実践編
STEP **1**　　　**表情**

面接試験において、印象を決定づける表情はとても大事。
どのようにすれば感じのいい表情ができるのか、ポイントを確認していこう。

明るく,温和で柔らかな表情をつくろう

人間関係の潤滑油

表情に関しては，まずは豊かである
ということがベースになってくる。う
れしい表情，困った表情，驚いた表
情など，さまざまな気持ちを表現で
きるということが，人間関係を潤いの
あるものにしていく。

Point

　表情はコミュニケーションの大前提。相手に「いつでも話しかけてくださ
いね」という無言の言葉を発しているのが，就活に求められる表情だ。面接
官が安心してコミュニケーションをとろうと思ってくれる表情。それが，明
るく，温和で柔らかな表情となる。

164　第3章

カンタンTraining

いますぐデキる

Training 01

喜怒哀楽を表してみよう

- ・人との出会いを楽しいと思うことが表情の基本
- ・表情を豊かにする大前提は相手の気持ちに寄り添うこと
- ・目元・口元だけでなく，眉の動きを意識することが大事

Training 02

表情筋のストレッチをしよう

- ・表情筋は「ウイスキー」の発音によって鍛える
- ・意識して毎日，取り組んでみよう
- ・笑顔の共有によって相手との距離が縮まっていく

コミュニケーションは挨拶から始まり，その挨拶ひとつで印象は変わるもの。
ポイントを確認していこう。

丁寧にしっかりと はっきり挨拶をしよう

人間関係の第一歩

挨拶は心を開いて，相手に近づくコ
ミュニケーションの第一歩。たかが
挨拶，されど挨拶の重要性をわきま
えて，きちんとした挨拶をしよう。形，
つまり"技"も大事だが，心をこめ
ることが最も重要だ。

Point

　挨拶はコミュニケーションの第一歩。相手が挨拶するのを待っているの
は望ましくない。挨拶の際のポイントは丁寧であることと，はっきり声に出
すことの2つ。丁寧な挨拶は，相手を大事にして迎えている気持ちの表れ
となる。はっきり声に出すことで，これもきちんと相手を迎えていることが
伝わる。また，相手もその応答として挨拶してくれることで，会ってすぐに
双方向のコミュニケーションが成立する。

いますぐデキる
カンタンTraining

Training 01

３つのお辞儀をマスターしよう

① 会釈（15度）　　　② 敬礼（30度）　　　③ 最敬礼（45度）

・息を吸うことを意識してお辞儀をするとキレイな姿勢に
・目線は真下ではなく，床前方1.5m先ぐらいを見よう
・相手への敬意を忘れずに

Training 02

対面時は言葉が先，お辞儀が後

・相手に体を向けて先に自ら挨拶をする
・挨拶時，相手とアイコンタクトを
　しっかり取ろう
・挨拶の後に，お辞儀をする。
　これを「語先後礼」という

コミュニケーションは「話す」よりも「聞く」ことといわれる。相手が話しやすい聞き方の，ポイントを確認しよう。

受容の立場で
傾聴しよう

相手の話を受けとめる

話を聞くときは，やや前に傾く姿勢をとる。表情と姿勢が合わさることにより，話し手の心が開き「あれも，これも話そう」という気持ちになっていく。また，「はい」と一度のお辞儀で頷くと相手の話を受け止めているというメッセージにつながる。

Point

　話をすること，話を聞いてもらうことは誰にとってもプレッシャーを伴うもの。そのため，「何でも話して良いんですよ」「何でも話を聞きますよ」「心配しなくて良いんですよ」という気持ちで聞くことが大切になる。その気持ちが聞く姿勢に表れれば，相手は安心して話してくれる。

いますぐデキる
カンタンTraining

Training 01

頷きは一度で

・相手が話した後に「はい」と
　一言発する
・頷きすぎは逆効果

Training 02

目線は自然に

・鼻の付け根あたりを見ると
　自然な印象に
・目を見つめすぎるのはNG

Training 03

話の句読点で視線を移す

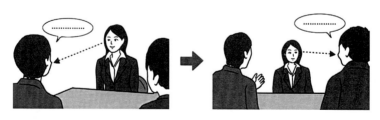

・視線は話している人を見ることが基本
・複数の人の話を聞くときは句読点を意識し,
　視線を振り分けることで聞く姿勢を表す

伝わる話し方

自分の意思を相手に明確に伝えるためには，話し方が重要となる。はっきりと的確に話すためのポイントを確認しよう。

明るい発声を
心がけよう

ボリュームを意識して

話すときのポイントとしては，ボリュームを意識することが挙げられる。会議室の一番奥にいる人に声が届くように意識することで，声のボリュームはコントロールされていく。

Point

　コミュニケーションとは「伝達」すること。どのようなことも，適当に伝えるのではなく，伝えるべきことがきちんと相手に届くことが大切になる。そのためには，はっきりと，分かりやすく，丁寧に，心を込めて話すこと。言葉だけでなく，表情やジェスチャーを加えることも有効。

いますぐデキる

カンタンTraining

Training 01

腹式呼吸で発声練習

- ・「あえいうえおあお」と発声する
- ・腹式呼吸は，胸部をなるべく動かさ
  ずに，息を吸うときにお腹や腰が膨
  らむよう意識する呼吸法

Training 02

早口言葉にチャレンジ

おあやや
母親に
お謝り

- ・「おあやや，母親に，お謝り」と早口で
- ・口がすぼまった「お」と口が開いた
  「あ」の発音に，変化をつけられる
  かがポイント

Training 03

ジェスチャーを有効活用

- ・腰より上でジェスチャーをする
- ・体から離した位置に手をもっていく
- ・ジェスチャーをしたら戻すところを
  さだめておく

身だしなみはその人自身を表すもの。身だしなみの基本について，ポイントを
確認しよう。

清潔感,さわやかさを
醸し出せるようにしよう

プロの企業人に
ふさわしい身だしなみを

信頼感，安心感をもたれる身だしな
みを考えよう。TPOに合わせた服装は，
すなわち"礼"を表している。そして，
身だしなみには，「清潔感」,「品のよさ」,
「控え目である」という，3つのポイ
ントがある。

Point

相手との心理的な距離や物理的な距離が遠ければ，コミュニケーションは
成立しにくくなる。見た目が不潔では誰も近付いてこない。身だしなみが
清潔であること，爽やかであることは相手との距離を縮めることにも繋がる。

いますぐデキる
カンタンTraining

Training 01

髪型，服装を整えよう

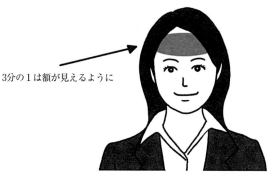

3分の1は額が見えるように

- 男性も女性も眉が見える髪型が望ましい。3分の1は額が見えるように。額は知性と清潔感を伝える場所。男性の髪の長さは耳や襟にかからないように
- スーツで相手の前に立つときは，ボタンはすべて留める。男性の場合は下のボタンは外す

Training 02

おしゃれとの違いを明確に

- 爪はできるだけ切りそろえる
- 爪の中の汚れにも注意
- ジェルネイル，ネイルアートはNG

Training 03

足元にも気を配って

- 女性の場合はパンプス，男性の場合は黒の紐靴が望ましい
- 靴はこまめに汚れを落とし見栄えよく

実践編 STEP6　姿勢

姿勢にはその人の意欲が反映される。前向き，活動的な姿勢を表すにはどうしたらよいか，ポイントを確認しよう。

前向き,活動的な
姿勢を維持しよう

一直線と左右対称

正しい立ち姿として，耳，肩，腰，くるぶしを結んだ線が一直線に並んでいることが最大のポイントになる。そのラインが直線に近づくほど立ち姿がキレイに整っていることになる。また，"左右対称"というのもキレイな姿勢の要素のひとつになる。

Point

　姿勢は，身体と心の状態を反映するもの。そのため，良い姿勢でいることは，印象が清々しいだけでなく，健康で元気そうに見え，話しかけやすさにも繋がる。歩く姿勢，立つ姿勢，座る姿勢など，どの場面にも心身の健康状態が表れるもの。日頃から心身の健康状態に気を配り，フィジカルとメンタル両面の自己管理を心がけよう。

いますぐデキる
カンタンTraining

Training 01

キレイな歩き方を心がけよう

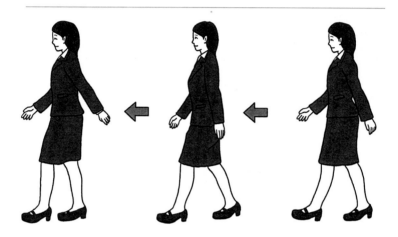

・女性は1本の線上を，男性はそれよりも太い線上を沿うように歩く
・一歩踏み出したときに前の足に体重を乗せるように，腰から動く
・12時の方向につま先をもっていく

Training 02

前向きな気持ちを持とう

・常に前向きな気持ちが姿勢を正す
・ポジティブ思考を心がけよう

言葉遣いの正しさはとは，場面にあった言葉を遣うということ。相手を気づかいながら，言葉を選ぶことで，より正しい言葉に近づいていく。

相手と場面に合わせた
ふさわしい言葉遣いを

次の文は接客の場面でよくある間違えやすい敬語です。
それぞれの言い方は○×どちらでしょうか。

問1 「資料をご拝読いただきありがとうございます」

問2 「こちらのパンフレットはもういただかれましたか？」

問3 「恐れ入りますが，こちらの用紙にご記入してください」

問4 「申し訳ございませんが，来週，休ませていただきます」

問5 「先ほどの件，帰りましたら上司にご報告いたしますので」

Point

　ビジネスのシーンに敬語は欠くことができない。何度もやり取りをしていく中で，親しさの度合いによっては，あえてくだけた表現を用いることもあるが，「親しき仲にも礼儀あり」と言われるように，敬意や心づかいをおろそかにしてはいけないもの。相手に誤解されたり，相手の気分を壊すことのないように，相手や場面にふさわしい言葉遣いが大切になる。

解答と解説

問1　（×）　○正しい言い換え例

→「ご覧いただきありがとうございます」など

　「拝読」は自分が「読む」意味の謙譲語なので，相手の行為に使うのは誤り。読むと見るは同義なため，多く，見るの尊敬語「ご覧になる」が用いられる。

問2　（×）　○正しい言い換え例

→「お持ちですか」「お渡ししましたでしょうか」　など

　「いただく」は，食べる・飲む・もらうの謙譲語。「もらったかどうか」と聞きたいのだから，「おもらいになりましたか」と言えないこともないが，持っているかどうか，受け取ったかどうかという意味で「お持ちですか」などが使われることが多い。また，自分側が渡すような場合は，「お渡しする」を使って「お渡ししましたでしょうか」などの言い方に換えることもできる。

問3　（×）　○正しい言い換え例

→「恐れ入りますが，こちらの用紙にご記入ください」など

　「ご記入する」の「お（ご）～する」は謙譲語の形。相手の行為を謙譲語で表すことになるため誤り。「して」を取り除いて「ご記入ください」か，和語に言い換えて「お書きください」とする。ほかにも「お書き／ご記入・いただけますでしょうか・願います」などの表現もある。

問4　（△）

　有給休暇を取る場合や，弔事等で休むような場面で，用いられることも多い。「休ませていただく」ということで一見丁寧に響くが，「来週休むと自分で休みを決めている」という勝手な表現にも受け取られかねない言葉だ。ここは同じ「させていただく」を用いても，相手の都合をうかがう言い方に換えて「○○がございまして，申し訳ございませんが，休みをいただいてもよろしいでしょうか」などの言い換えが好ましい。

問5　（×）○正しい言い換え例

→「上司に報告いたします」

　「ご報告いたします」は，ソトの人との会話で使うとするならば誤り。「ご報告いたします」の「お・ご～いたす」は，「お・ご～する」と「～いたす」という2つの敬語を含む言葉。そのうちの「お・ご～する」は，主語である自分を低めて相手＝上司を高める働きをもつ表現（謙譲語Ⅰ）。一方「～いたす」は，主語の私を低めて，話の聞き手に対して丁重に述べる働きをもつ表現（謙譲語Ⅱ　丁重語）。「お・ご～する」も「～いたす」も同じ謙譲語であるため紛らわしいが，主語を低める（謙譲）という働きは同じでも，行為の相手を高める働きがあるかないかという点に違いがあるといえる。

敬語は正しく使用することで，相手の印象を大きく変えることができる。尊敬語，謙譲語の区別をはっきりつけて，誤った用法で話すことのないように気をつけよう。

言葉の使い方が
マナーを表す!

■よく使われる尊敬語の形　「言う・話す・説明する」の例

専用の尊敬語型	おっしゃる
～れる・～られる型	言われる・話される・説明される
お（ご）～になる型	お話しになる・ご説明になる
お（ご）～なさる型	お話しなさる・ご説明なさる

■よく使われる謙譲語の形　「言う・話す・説明する」の例

専用の謙譲語型	申す・申し上げる
お（ご）～する型	お話しする・ご説明する
お（ご）～いたす型	お話しいたします・ご説明いたします

Point

　同じ尊敬語・謙譲語でも，よく使われる代表的な形がある。ここではその一例をあげてみた。敬語の使い方に迷ったときなどは，まずはこの形を思い出すことで，大抵の語はこの型にはめ込むことができる。同じ言葉を用いたほうがよりわかりやすいといえるので，同義に使われる「言う・話す・説明する」を例に考えてみよう。

　ほかにも「お話しくださる」や「お話しいただく」「お元気でいらっしゃる」などの形もあるが，まずは表の中の形を見直そう。

■よく使う動詞の尊敬語・謙譲語

なお，尊敬語の中の「言われる」などの「れる・られる」を付けた形は省力している。

基本	尊敬語（相手側）	謙譲語（自分側）
会う	お会いになる	お目にかかる・お会いする
言う	おっしゃる	申し上げる・申す
行く・来る	いらっしゃる おいでになる お見えになる お越しになる お出かけになる	伺う・参る お伺いする・参上する
いる	いらっしゃる・おいでになる	おる
思う	お思いになる	存じる
借りる	お借りになる	拝借する・お借りする
聞く	お聞きになる	拝聴する 拝聞する お伺いする・伺う お聞きする
知る	ご存じ（知っているという意で）	存じ上げる・存じる
する	なさる	いたす
食べる・飲む	召し上がる・お召し上がりになる お飲みになる	いただく・頂戴する
見る	ご覧になる	拝見する
読む	お読みになる	拝読する

「お伺いする」「お召し上がりになる」などは，「伺う」「召し上がる」自体が敬語なので
「二重敬語」ですが，慣習として定着しており間違いではないもの。

```
┌─Point─────────────────────────────
│   上記の「敬語表」は，よく使うと思われる動詞をそれぞれ尊敬語・謙譲語
│ で表したもの。このように大体の言葉は型にあてはめることができる。言
│ 葉の中には「お（ご）」が付かないものもあるが，その場合でも「〜なさる」
│ を使って，「スピーチなさる」や「運営なさる」などと言うことができる。ま
│ た，表では，「言う」の尊敬語「言われる」の例は省いているが，れる・ら
│ れる型の「言われる」よりも「おっしゃる」「お話しになる」「お話しなさる」
│ などの言い方のほうが，より敬意も高く，言葉としても何となく響きが落ち
│ 着くといった印象を受けるものとなる。
└───────────────────────────────────
```

会話は相手があってのこと。いかなる場合でも，相手に対する心くばりを忘れないことが，会話をスムーズに進めるためのコツになる。

心くばりを添えるひと言で 言葉の印象が変わる!

　相手に何かを頼んだり，また相手の依頼を断ったり，相手の抗議に対して反論したりする場面では，いきなり自分の意見や用件を切り出すのではなく，場面に合わせて心くばりを伝えるひと言を添えてから本題に移ると，響きがやわらかくなり，こちらの意向も伝えやすくなる。俗にこれは「クッション言葉」と呼ばれている。（右表参照）

Point

　ビジネスの場面で，相手と話したり手紙やメールを送る際には，何か依頼事があってという場合が多いもの。その場合に「ちょっとお願いなんですが…」では，ふだんの会話と変わりがないものになってしまう。そこを「突然のお願いで恐れ入りますが」「急にご無理を申しまして」「こちらの勝手で恐縮に存じますが」「折り入ってお願いしたいことがございまして」などの一言を添えることで，直接的なきつい感じが和らぐだけでなく，「申し訳ないのだけれど，もしもそうしていただくことができればありがたい」という，相手への配慮や願いの気持ちがより強まる。このような前置きの言葉もうまく用いて，言葉に心くばりを添えよう。

相手の意向を尋ねる場合	「よろしければ」「お差し支えなければ」 「ご都合がよろしければ」「もしお時間がありましたら」 「もしお嫌いでなければ」「ご興味がおありでしたら」
相手に面倒を かけてしまうような場合	「お手数をおかけしますが」 「ご面倒をおかけしますが」 「お手を煩わせまして恐縮ですが」 「お忙しい時に申し訳ございませんが」 「お時間を割いていただき申し訳ありませんが」 「貴重なお時間を頂戴し恐縮ですが」
自分の都合を 述べるような場合	「こちらの勝手で恐縮ですが」 「こちらの都合（ばかり）で申し訳ないのですが」 「私どもの都合ばかりを申しまして，まことに申し訳なく存じますが」 「ご無理を申し上げまして恐縮ですが」
急な話をもちかけた場合	「突然のお願いで恐れ入りますが」 「急にご無理を申しまして」 「もっと早くにご相談申し上げるべきところでございましたが」 「差し迫ってのことでまことに申し訳ございませんが」
何度もお願いする場合	「たびたびお手数をおかけしまして恐縮に存じますが」 「重ね重ね恐縮に存じますが」 「何度もお手を煩わせまして申し訳ございませんが」 「ご面倒をおかけしてばかりで，まことに申し訳ございませんが」
難しいお願いをする場合	「ご無理を承知でお願いしたいのですが」 「たいへん申し上げにくいのですが」 「折り入ってお願いしたいことがございまして」
あまり親しくない相手に お願いする場合	「ぶしつけなお願いで恐縮ですが」 「ぶしつけながら」 「まことに厚かましいお願いでございますが」
相手の提案・誘いを断る場合	「申し訳ございませんが」 「（まことに）残念ながら」 「せっかくのご依頼ではございますが」 「たいへん恐縮ですが」 「身に余るお言葉ですが」 「まことに失礼とは存じますが」 「たいへん心苦しいのですが」 「お引き受けしたいのはやまやまですが」
問い合わせの場合	「つかぬことをうかがいますが」 「突然のお尋ねで恐縮ですが」

ここでは文章の書き方における，一般的な敬称について言及している。はがき，手紙，メール等，通信手段はさまざま。それぞれの特性をふまえて有効活用しよう。

相手の気持ちになって
見やすく美しく書こう

■敬称のいろいろ

敬称	使う場面	例
様	職名・役職のない個人	（例）飯田知子様／ご担当者様／経理部長　佐藤一夫様
殿	職名・組織名・役職のある個人（公用文など）	（例）人事部長殿／教育委員会殿／田中四郎殿
先生	職名・役職のない個人	（例）松井裕子先生
御中	企業・団体・官公庁などの組織	（例）○○株式会社御中
各位	複数あてに同一文書を出すとき	（例）お客様各位／会員各位

Point

　封筒・はがきの表書き・裏書きは縦書きが基本だが，洋封筒で親しい人にあてる場合は，横書きでも問題ない。いずれにせよ，定まった位置に，丁寧な文字でバランス良く，正確に記すことが大切。特に相手の住所や名前を乱雑な文字で書くのは，配達の際の間違いを引き起こすだけでなく，受け取る側に不快な思いをさせる。相手の気持ちになって，見やすく美しく書くよう心がけよう。

■各通信手段の長所と短所

	長所	短所	用途
封書	・封を開けなければ本人以外の目に触れることがない。 ・丁寧な印象を受ける。	・多量の資料・画像送付には不向き。 ・相手に届くまで時間がかかる。	・儀礼的な文書(礼状・わび状など) ・目上の人あての文書 ・重要な書類 ・他人に内容を読まれたくない文書
はがき・カード	・封書よりも気軽にやり取りできる。 ・年賀状や季節の便り，旅先からの連絡など絵はがきとしても楽しむことができる。	・封に入っていないため，第三者の目に触れることがある。 ・中身が見えるので，改まった礼状やわび状，こみ入った内容には不向き。 ・相手に届くまで時間がかかる。	・通知状　　　・案内状 ・送り状　　　・旅先からの便り ・各種お祝い　・お礼 ・季節の挨拶
ＦＡＸ	・手書きの図やイラストを文章といっしょに送れる。 ・すぐに届く。 ・控えが手元に残る。	・多量の資料の送付には不向き。 ・事務的な用途で使われることが多く，改まった内容の文書，初対面の人へは不向き。	・地図，イラストの入った文書 ・印刷物（本・雑誌など）
電話	・急ぎの連絡に便利。 ・相手の反応をすぐに確認できる。 ・直接声が聞けるので，安心感がある。	・連絡できる時間帯が制限される。 ・長々としたこみ入った内容は伝えづらい。	・緊急の用件 ・確実に用件を伝えたいとき
メール	・瞬時に届く。　・控えが残る。 ・コストが安い。 ・大容量の資料や画像をデータで送ることができる。 ・一度に大勢の人に送ることができる。 ・相手の居場所や状況を気にせず送れる。	・事務的な印象を与えるので，改まった礼状やわび状には不向き。 ・パソコンや携帯電話を持っていない人には送れない。 ・ウィルスなどへの対応が必要。	・データで送りたいとき ・ビジネス上の連絡

> **Point**
>
> 　はがきは手軽で便利だが，おわびやお願い，格式を重んじる手紙には不向きとなる。この種の手紙は内容もこみ入ったものとなり，加えて丁寧な文章で書かなければならないので，数行で済むことはまず考えられない。また，封筒に入っていないため，他人の目に触れるという難点もある。このように，はがきにも長所と短所があるため，使う場面や相手によって，他の通信手段と使い分けることが必要となる。
>
> 　はがき以外にも，封書・電話・ＦＡＸ・メールなど，現代ではさまざまな通信手段がある。上に示したように，それぞれ長所と短所があるので，特徴を知って用途によって上手に使い分けよう。

社会人のマナーとして，電話応対のスキルは必要不可欠。まずは失礼なく電話に出ることからはじめよう。積極性が重要だ。

相手の顔が見えない分
対応には細心の注意を

■電話をかける場合

①　○○先生に電話をする

×「私，□□社の××と言いますが，○○様はおられますでしょうか？」

○「××と申しますが，○○様はいらっしゃいますか？」

「おられますか」は「おる」を謙譲語として使うため，通常は相手がいるかどうかに関しては，「いらっしゃる」を使うのが一般的。

②　相手の状況を確かめる

×「こんにちは，××です，先日のですね…」

○「××です，先日は有り難うございました，今お時間よろしいでしょうか？」

相手が忙しくないかどうか，状況を聞いてから話を始めるのがマナー。また，やむを得ず夜間や早朝，休日などに電話をかける際は，「夜分（朝早く）に申し訳ございません」「お休みのところ恐れ入ります」などのお詫びの言葉もひと言添えて話す。

③　相手が不在，何時ごろ戻るかを聞く場合

×「戻りは何時ごろですか？」

○「何時ごろお戻りになりますでしょうか？」

「戻り」はそのままの言い方，相手にはきちんと尊敬語を使う。

④　また自分からかけることを伝える

×「そうですか，ではまたかけますので」

○「それではまた後ほど（改めて）お電話させていただきます」

戻る時間がわかる場合は，「またお戻りになりましたころにでも」「また午後にでも」などの表現もできる。

■電話を受ける場合

① 電話を取ったら

×「はい，もしもし，○○（社名）ですが」
○「**はい，○○（社名）でございます**」

② 相手の名前を聞いて

×「どうも，どうも」
○「**いつもお世話になっております**」

　あいさつ言葉として定着している決まり文句ではあるが，日頃のお付き合いがあってこそ。あいさつ言葉もきちんと述べよう。「お世話様」という言葉も時折耳にするが，敬意が軽い言い方となる。適切な言葉を使い分けよう。

③ 相手が名乗らない

×「どなたですか？」「どちらさまですか？」
○「**失礼ですが，お名前をうかがってもよろしいでしょうか？**」

　名乗るのが基本だが，尋ねる態度も失礼にならないように適切な応対を心がけよう。

④ 電話番号や住所を教えてほしいと言われた場合

×「はい，いいでしょうか？」　　×「メモのご用意は？」
○「**はい，申し上げます，よろしいでしょうか？**」

　「メモのご用意は？」は，一見親切なようにも聞こえるが，尋ねる相手も用意していることがほとんど。押し付けがましくならない程度に。

⑤ 上司への取次を頼まれた場合

×「はい，今代わります」　　×「○○部長ですね，お待ちください」
○「**部長の○○でございますね，ただいま代わりますので，少々お待ちくださいませ**」

　○○部長という表現は，相手側の言い方となる。自分側を述べる場合は，「部長の○○」「○○」が適切。

Point

自分から電話をかける場合は，まずは自分の会社名や氏名を名乗るのがマナー。たとえ目的の相手が直接出た場合でも，電話では相手の様子が見えないことがほとんど。自分の勝手な判断で話し始めるのではなく，相手の都合を伺い，そのうえで話を始めるのが社会人として必要な気配りとなる。

デキるオトナをアピール
時候の挨拶

月	漢語調の表現 候，みぎりなどを付けて用いられます	口語調の表現
1月 (睦月)	初春・新春　頌春・小寒・大寒・厳寒	皆様におかれましては，よき初春をお迎えのことと存じます／厳しい寒さが続いております／珍しく暖かな寒の入りとなりました／大寒という言葉通りの厳しい寒さでございます
2月 (如月)	春寒・余寒・残寒・立春・梅花・向春	立春とは名ばかりの寒さ厳しい毎日でございます／梅の花もちらほらとふくらみ始め，春の訪れを感じる今日この頃です／春の訪れが待ち遠しいこのごろでございます
3月 (弥生)	早春・浅春・春寒・春分・春暖	寒さもようやくゆるみ，日ましに春めいてまいりました／ひと雨ごとに春めいてまいりました／日増しに暖かさが加わってまいりました
4月 (卯月)	春暖・陽春・桜花・桜花爛漫	桜花爛漫の季節を迎えました／春光うららかな好季節となりました／花冷えとでも申しましょうか，何だか肌寒い日が続いております
5月 (皐月)	新緑・薫風・惜春・晩春・立夏・若葉	風薫るさわやかな季節を迎えました／木々の緑が目にまぶしいようでございます／目に青葉，山ほととぎす，初鰹の句も思い出される季節となりました
6月 (水無月)	梅雨・向暑・初夏・薄暑・麦秋	初夏の風もさわやかな毎日でございます／梅雨前線が近づいてまいりました／梅雨の晴れ間にのぞく青空は，まさに夏を思わせるようです
7月 (文月)	盛夏・大暑・炎暑・酷暑・猛暑	梅雨が明けたとたん，うだるような暑さが続いております／長い梅雨も明け，いよいよ本格的な夏がやってまいりました／風鈴の音がわずかに涼を運んでくれているようです
8月 (葉月)	残暑・晩夏・処暑・秋暑	立秋とはほんとうに名ばかりの厳しい暑さの毎日です／残暑たえがたい毎日でございます／朝夕はいくらかしのぎやすくなってまいりました
9月 (長月)	初秋・新秋・爽秋・新涼・清涼	九月に入りましてもなお，日差しの強い毎日です／暑さもやっとおとろえはじめたようでございます／残暑も去り，ずいぶんとしのぎやすくなってまいりました
10月 (神無月)	清秋・錦秋・秋涼・秋冷・寒露	秋風もさわやかな過ごしやすい季節となりました／街路樹の葉も日ごとに色を増しております／紅葉の便りの聞かれるころとなりました／秋深く，日増しに冷気も加わってまいりました
11月 (霜月)	晩秋・暮秋・霜降・初霜・向寒	立冬を迎え，まさに冬到来を感じる寒さです／木枯らしの季節になりました／日ごとに冷気が増すようでございます／朝夕はひときわ冷え込むようになりました
12月 (師走)	寒冷・初冬・師走・歳晩	師走を迎え，何かと慌ただしい日々をお過ごしのことと存じます／年の瀬も押しつまり，何かとお忙しくお過ごしのことと存じます／今年も残すところわずかとなりました，お忙しい毎日とお察しいたします

いますぐデキる
シチュエーション別会話例

シチュエーション1　取引先との会話

「非常に素晴らしいお話で感心しました」→NG！

　「感心する」は相手の立派な行為や，優れた技量などに心を動かされるという意味。意味としては間違いではないが，目上の人に用いると，偉そうに聞こえかねない表現。「感動しました」などに言い換えるほうが好ましい。

シチュエーション2　子どもとの会話

「お母さんは，明日はいますか？」→NG！

　たとえ子どもとの会話でも，子どもの年齢によっては，ある程度の敬語を使うほうが好ましい。「明日はいらっしゃいますか」では，むずかしすぎると感じるならば，「お出かけですか」などと表現することもできる。

シチュエーション3　同僚との会話

「今，お暇ですか」→NG？

　同じ立場同士なので，暇に「お」が付いた形で「お暇」ぐらいでも構わないともいえるが，「暇」というのは，するべきことも何もない時間という意味。そのため「お暇ですか」では，あまりにも直接的になってしまう。その意味では「手が空いている」→「空いていらっしゃる」→「お手透き」などに言い換えることで，やわらかく敬意も含んだ表現になる。

シチュエーション4　上司との会話

「なるほどですね」→NG！

　「なるほど」とは，相手の言葉を受けて，自分も同意見であることを表すため，相手の言葉・意見を自分が評価するというニュアンスも含まれている。そのため自分が評価して述べているという偉そうな表現にもなりかねない。同じ同意ならば，頷き「おっしゃる通りです」などの言葉のほうが誤解なく伝わる。

就活スケジュールシート

■年間スケジュールシート

1月	2月	3月	4月	5月	6月
企業関連スケジュール					
自己の行動計画					

就職活動をすすめるうえで，当然重要になってくるのは，自己のスケジュール管理だ。企業の選考スケジュールを把握することも大切だが，自分のペースで進めることになる自己分析や業界・企業研究，面接試験のトレーニング等の計画を立てることも忘れてはいけない。スケジュールシートに「記入」する作業を通して，短期・長期の両方の面から就職試験を考えるきっかけにしよう。

7月	8月	9月	10月	11月	12月
企業関連スケジュール					
自己の行動計画					

第4章

SPI対策

ほとんどの企業では，基本的な資質や能力を見極める
ため適性検査を実施しており，現在最も使われている
のがリクルートが開発した「SPI」である。

テストの内容は，「言語能力」「非言語能力」「性格」
の3つに分かれている。その人がどんな人物で，どん
な仕事で力を発揮しやすいのか，また，どんな組織に
なじみやすいかなどを把握するために行われる。

この章では，SPIの「言語能力」及び「非言語能力」の
分野で，頻出内容を絞って，演習問題を構成している。
演習問題に複数回チャレンジし，解説をしっかりと熟
読して，学習効果を高めよう。

SPI 対策

●SPIとは

　SPIは、Synthetic Personality Inventoryの略称で、株式会社リクルートが開発・販売を行っている就職採用向けのテストである。昭和49年から提供が始まり、平成14年と平成25年の2回改訂が行われ、現在はSPI3が最新になる。

　SPIは、応募者の仕事に対する適性、職業の適性能力、興味や関心を見極めるのに適しており、現在の就職採用テストでは主流となっている。

　SPIは、「知的能力検査」と「性格検査」の2領域にわけて測定され、知的能力検査は「言語能力検査（国語）」と「非言語能力検査（数学）」に分かれている。オプション検査として、「英語（ENG）検査」を実施することもある。性格適性検査では、性格を細かく分析するために、非常に多くの質問が出される。SPIの性格適性検査では、正式な回答はなく、全ての質問に正直に答えることが重要である。

　本章では、その中から、「言語能力検査」と「非言語能力検査」に絞って収録している。

●SPIを利用する企業の目的

①：志望者から人数を絞る

　一部上場企業にもなると、数万単位の希望者が応募してくる。基本的な資質能力や会社への適性能力を見極めるため、SPIを使って、人数の絞り込みを行う。

②：知的能力を見極める

　SPIは、応募者1人1人の基本的な知的能力を比較することができ、それによって、受検者の相対的な知的能力を見極めることが可能になる。

③：性格をチェックする

　その職種に対する適性があるが、300程度の簡単な質問によって発想力やパーソナリティを見ていく。性格検査なので、正解というものはなく、正直に回答していくことが重要である。

●SPIの受検形式

SPIは，企業の会社説明会や会場で実施される「ペーパーテスト形式」と，パソコンを使った「テストセンター形式」とがある。

近年，ペーパーテスト形式は減少しており，ほとんどの企業が，パソコンを使ったテストセンター形式を採用している。志望する企業がどのようなテストを採用しているか，早めに確認し，対策を立てておくこと。

●SPIの出題形式

SPIは，言語分野，非言語分野，英語（ENG），性格適性検査に出題形式が分かれている。

科目	出題範囲・内容
言語分野	二語の関係，語句の意味，語句の用法，文の並び換え，空欄補充，熟語の成り立ち，文節の並び換え，長文読解　等
非言語分野	推論，場合の数，確率，集合，損益算，速度算，表の読み取り，資料の読み取り，長文読み取り　等
英語（ENG）	同意語，反意語，空欄補充，英英辞書，誤文訂正，和文英訳，長文読解　等
性格適性検査	質問：300問程度　時間：約35分

●受検対策

本章では，出題が予想される問題を厳選して収録している。問題と解答だけではなく，詳細な解説も収録しているので，分からないところは複数回問題を解いてみよう。

言語分野

二語関係

同音異義語

●あいせき
哀惜　死を悲しみ惜しむこと
愛惜　惜しみ大切にすること

●いぎ
意義　意味・内容・価値
異議　他人と違う意見
威儀　いかめしい挙動
異義　異なった意味

●いし
意志　何かをする積極的な気持ち
意思　しようとする思い・考え

●いどう
異同　異なり・違い・差
移動　場所を移ること
異動　地位・勤務の変更

●かいこ
懐古　昔を懐かしく思うこと
回顧　過去を振り返ること
解雇　仕事を辞めさせること

●かいてい
改訂　内容を改め直すこと
改定　改めて定めること

●かんしん
関心　気にかかること
感心　心に強く感じること
歓心　嬉しいと思う心

寒心　肝を冷やすこと

●きてい
規定　規則・定め
規程　官公庁などの規則

●けんとう
見当　だいたいの推測・判断・
　　　めあて
検討　調べ究めること

●こうてい
工程　作業の順序
行程　距離・みちのり

●じき
直　　すぐに
時期　時・折り・季節
時季　季節・時節
時機　適切な機会

●しゅし
趣旨　趣意・理由・目的
主旨　中心的な意味

●たいけい
体型　人の体格
体形　人や動物の形態
体系　ある原理に基づき個々のも
　　　のを統一したもの
大系　系統立ててまとめた叢書

●たいしょう

対象　行為や活動が向けられる相手

対称　対応する位置にあること

対照　他のものと照らし合わせること

●たんせい

端正　人の行状が正しくきちんとしているさま

端整　人の容姿が整っているさま

●はんざつ

繁雑　ごたごたと込み入ること

煩雑　煩わしく込み入ること

●ほしょう

保障　保護して守ること

保証　確かだと請け合うこと

補償　損害を補い償うこと

●むち

無知　知識・学問がないこと

無恥　恥を知らないこと

●ようけん

要件　必要なこと

用件　なすべき仕事

同訓漢字

●あう

合う…好みに合う。答えが合う。

会う…客人と会う。立ち会う。

遭う…事故に遭う。盗難に遭う。

●あげる

上げる…プレゼントを上げる。効果を上げる。

挙げる…手を挙げる。全力を挙げる。

揚げる…凧を揚げる。てんぷらを揚げる。

●あつい

暑い…夏は暑い。暑い部屋。

熱い…熱いお湯。熱い視線を送る。

厚い…厚い紙。面の皮が厚い。

篤い…志の篤い人。篤い信仰。

●うつす

写す…写真を写す。文章を写す。

映す…映画をスクリーンに映す。鏡に姿を映す。

●おかす

冒す…危険を冒す。病に冒された人。

犯す…犯罪を犯す。法律を犯す。

侵す…領空を侵す。プライバシーを侵す。

●おさめる

治める…領地を治める。水を治める。

収める…利益を収める。争いを収める。

修める…学問を修める。身を修める。

納める…税金を納める。品物を納める。

●かえる

変える…世界を変える。性格を変える。

代える…役割を代える。背に腹は代えられぬ。

替える…円をドルに替える。服を
　　　替える。
●きく
聞く…うわさ話を聞く。明日の天
　　　気を聞く。
聴く…音楽を聴く。講義を聴く。
●しめる
閉める…門を閉める。ドアを閉め
　　　る。
締める…ネクタイを締める。気を
　　　引き締める。
絞める…首を絞める。絞め技をか
　　　ける。
●すすめる
進める…足を進める。話を進める。
勧める…縁談を勧める。加入を勧
　　　める。
薦める…生徒会長に薦める。
●つく
付く…傷が付いた眼鏡。気が付く。
着く…待ち合わせ場所の公園に着
　　　く。地に足が着く。

就く…仕事に就く。外野の守備に
　　　就く。
●つとめる
務める…日本代表を務める。主役
　　　を務める。
努める…問題解決に努める。療養
　　　に努める。
勤める…大学に勤める。会社に勤
　　　める。
●のぞむ
望む…自分の望んだ夢を追いかけ
　　　る。
臨む…記者会見に臨む。決勝に臨
　　　む。
●はかる
計る…時間を計る。将来を計る。
測る…飛行距離を測る。水深を測
　　　る。
●みる
見る…月を見る。ライオンを見る。
診る…患者を診る。脈を診る。

演習問題

[1] カタカナで記した部分の漢字として適切なものはどれか。
　1　手続きがハンザツだ　　　　　　【汎雑】
　2　誤りをカンカすることはできない【観過】
　3　ゲキヤクなので取扱いに注意する【激薬】
　4　クジュウに満ちた選択だった　　【苦重】
　5　キセイの基準に従う　　　　　　【既成】

2 下線部の漢字として適切なものはどれか。

家で飼っている熱帯魚をかんしょうする。

1 干渉
2 観賞
3 感傷
4 勧奨
5 鑑賞

3 下線部の漢字として適切なものはどれか。

彼に責任をついきゅうする。

1 追窮
2 追究
3 追給
4 追求
5 追及

4 下線部の語句について，両方とも正しい表記をしているものはどれか。

1 私と母とは相生がいい。　　・この歌を愛唱している。
2 それは規成の事実である。　・既製品を買ってくる。
3 同音異義語を見つける。　　・会議で意議を申し立てる。
4 選挙の大勢が決まる。　　　・作曲家として大成する。
5 無常の喜びを味わう。　　　・無情にも雨が降る。

5 下線部の漢字として適切なものはどれか。

彼の体調はかいほうに向かっている。

1 介抱
2 快方
3 解放
4 回報
5 開放

[1] 5

解説 1 「煩雑」が正しい。「汎」は「汎用(はんよう)」などと使う。
2 「看過」が正しい。「観」は「観光」や「観察」などと使う。 3 「劇薬」
が正しい。「少量の使用であってもはげしい作用のするもの」という意味
であるが「激」を使わないことに注意する。 4 「苦渋」が正しい。苦し
み悩むという意味で、「苦悩」と同意であると考えてよい。 5 「既成概
念」などと使う場合もある。同音で「既製」という言葉があるが、これは
「既製服」や「既製品」という言葉で用いる。

[2] 2

解説 同音異義語や同訓異字の問題は、その漢字を知っているだけで
は対処できない。「植物や魚などの美しいものを見て楽しむ」場合は「観
賞」を用いる。なお、「芸術作品」に関する場合は「鑑賞」を用いる。

[3] 5

解説 「ついきゅう」は、特に「追究」「追求」「追及」が頻出である。「追
究」は「あることについて徹底的に明らかにしようとすること」、「追求」
は「あるものを手に入れようとすること」、「追及」は「後から厳しく調べ
ること」という意味である。ここでは、「責任」という言葉の後にあるので、
「厳しく」という意味が含まれている「追及」が適切である。

[4] 4

解説 1の「相生」は「相性」、2の「規成」は「既成」、3の「意議」は「異
議」、5の「無常」は「無上」が正しい。

[5] 2

解説 「快方」は「よい方向に向かっている」という意味である。なお、
1は病気の人の世話をすること、3は束縛を解いて自由にすること、4は
複数人で回し読む文書、5は出入り自由として開け放つ、の意味。

熟語

四字熟語

□曖昧模糊　あいまいもこ―はっきりしないこと。

□阿鼻叫喚　あびきょうかん―苦しみに耐えられないで泣き叫ぶこと。はなはだしい惨状を形容する語。

□暗中模索　あんちゅうもさく―暗闇で手さぐりでものを探すこと。様子がつかめずどうすればよいかわからないままやってみること。

□以心伝心　いしんでんしん―無言のうちに心から心に意思が通じ合うこと。

□一言居士　いちげんこじ―何事についても自分の意見を言わなければ気のすまない人。

□一期一会　いちごいちえ―一生のうち一度だけの機会。

□一日千秋　いちじつせんしゅう―一日会わなければ千年も会わないように感じられることから，一日が非常に長く感じられること。

□一念発起　いちねんほっき―決心して信仰の道に入ること。転じてある事を成就させるために決心すること。

□一網打尽　いちもうだじん―一網打つだけで多くの魚を捕らえることから，一度に全部捕らえること。

□一獲千金　いっかくせんきん―一時にたやすく莫大な利益を得ること。

□一挙両得　いっきょりょうとく―一つの行動で二つの利益を得ること。

□意馬心猿　いばしんえん―馬が走り，猿が騒ぐのを抑制できないことにたとえ，煩悩や欲望の抑えられないさま。

□意味深長　いみしんちょう―意味が深く含蓄のあること。

□因果応報　いんがおうほう―よい行いにはよい報いが，悪い行いには悪い報いがあり，因と果とは相応じるものであるということ。

□慇懃無礼　いんぎんぶれい―うわべはあくまでも丁寧だが，実は尊大であること。

□有為転変　ういてんぺん―世の中の物事の移りやすくはかない様子のこと。

□右往左往　うおうさおう―多くの人が秩序もなく動き，あっちへ行ったりこっちへ来たり，混乱すること。

□右顧左眄　うこさべん―右を見たり，左を見たり，周囲の様子ばかりうかがっていて決断しないこと。

□有象無象　うぞうむぞう―世の中の無形有形の一切のもの。たくさん集まったつまらない人々。

□海千山千　うみせんやません―経験を積み，その世界の裏まで知り抜いている老獪な人。

□紆余曲折　うよきょくせつ―まがりくねっていること。事情が込み入って，状況がいろいろ変化すること。

□雲散霧消　うんさんむしょう―雲や霧が消えるように，あとかたもなく消えること。

□栄枯盛衰　えいこせいすい―草木が繁り，枯れていくように，盛んになったり衰えたりすること。世の中の浮き沈みのこと。

□栄耀栄華　えいようえいが―権力や富貴をきわめ，おごりたかぶること。

□会者定離　えしゃじょうり―会う者は必ず離れる運命をもつということ。人生の無常を説いたことば。

□岡目八目　おかめはちもく―局外に立ち，第三者の立場で物事を観察すると，その是非や損失がよくわかるということ。

□温故知新　おんこちしん―古い事柄を究め新しい知識や見解を得ること。

□臥薪嘗胆　がしんしょうたん―たきぎの中に寝，きもをなめる意で，目的を達成するのために苦心，苦労を重ねること。

□花鳥風月　かちょうふうげつ―自然界の美しい風景，風雅のこころ。

□我田引水　がでんいんすい―自分の利益となるように発言したり行動したりすること。

□画竜点睛　がりょうてんせい―竜を描いて最後にひとみを描き加えたところ，天に上ったという故事から，物事を完成させるために最後に付け加える大切な仕上げ。

□夏炉冬扇　かろとうせん―夏の火鉢，冬の扇のようにその場に必要のない事物。

□危急存亡　ききゅうそんぼう―危機が迫ってこのまま生き残れるか滅びるかの瀬戸際。

□疑心暗鬼　ぎしんあんき―心の疑いが妄想を引き起こして実際にはいない鬼の姿が見えるようになることから，疑心が起こると何で

もないことまで恐ろしくなること。

□玉石混交　ぎょくせきこんこう―すぐれたものとそうでないものが入り混じっていること。

□荒唐無稽　こうとうむけい―言葉や考えによりどころがなく，とりとめもないこと。

□五里霧中　ごりむちゅう―迷って考えの定まらないこと。

□針小棒大　しんしょうぼうだい―物事を大袈裟にいうこと。

□大同小異　だいどうしょうい―細部は異なっているが総体的には同じであること。

□馬耳東風　ばじとうふう―人の意見や批評を全く気にかけず聞き流すこと。

□波瀾万丈　はらんばんじょう―さまざまな事件が次々と起き，変化に富むこと。

□付和雷同　ふわらいどう――一定の見識がなくただ人の説にわけもなく賛同すること。

□粉骨砕身　ふんこつさいしん―力の限り努力すること。

□羊頭狗肉　ようとうくにく―外見は立派だが内容がともなわないこと。

□竜頭蛇尾　りゅうとうだび―初めは勢いがさかんだが最後はふるわないこと。

□臨機応変　りんきおうへん―時と場所に応じて適当な処置をとること。

演習問題

1　「海千山千」の意味として適切なものはどれか。
1　様々な経験を積み，世間の表裏を知り尽くしてずる賢いこと
2　今までに例がなく，これからもあり得ないような非常に珍しいこと
3　人をだまし丸め込む手段や技巧のこと
4　一人で千人の敵を相手にできるほど強いこと
5　広くて果てしないこと

2 四字熟語として適切なものはどれか。
  1 竜頭堕尾
  2 沈思黙考
  3 孟母断危
  4 理路正然
  5 猪突猛伸

3 四字熟語の漢字の使い方がすべて正しいものはどれか。
  1 純真無垢　　青天白日　　疑心暗鬼
  2 短刀直入　　自我自賛　　危機一髪
  3 厚顔無知　　思考錯誤　　言語同断
  4 異句同音　　一鳥一石　　好機当来
  5 意味深長　　興味深々　　五里霧中

4 「一蓮托生」の意味として適切なものはどれか。
  1 一味の者を一度で全部つかまえること。
  2 物事が順調に進行すること。
  3 ほかの事に注意をそらさず，一つの事に心を集中させているさま。
  4 善くても悪くても行動・運命をともにすること。
  5 妥当なものはない。

5 故事成語の意味で適切なものはどれか。
  「塞翁(さいおう)が馬」
  1 たいして差がない
  2 幸不幸は予測できない
  3 肝心なものが欠けている
  4 実行してみれば意外と簡単
  5 努力がすべてむだに終わる

○○○解答・解説○○○

1 1

解説 2は「空前絶後」、3は「手練手管」、4は「一騎当千」、5は「広大無辺」である。

2 2

解説 2の沈思黙考は、「思いにしずむこと。深く考えこむこと。」の意味である。なお、1は竜頭蛇尾(始めは勢いが盛んでも、終わりにはふるわないこと)、3は孟母断機(孟子の母が織りかけの織布を断って、学問を中途でやめれば、この断機と同じであると戒めた譬え)、4は理路整然(話や議論の筋道が整っていること)、5は猪突猛進(いのししのように向こう見ずに一直線に進むこと)が正しい。

3 1

解説 2は「単刀直入」「自画自賛」、3は「厚顔無恥」「試行錯誤」「言語道断」、4は「異口同音」「一朝一夕」「好機到来」、5は「興味津々」が正しい。四字熟語の意味を理解する際、どのような字で書かれているかを意識するとよい。

4 4

解説 「一蓮托生」は、よい行いをした者は天国に行き、同じ蓮の花の上に生まれ変わるという仏教の教えから、「(ことの善悪にかかわらず)仲間として行動や運命をともにすること」をいう。

5 2

解説 「塞翁が馬」は「人間万事塞翁が馬」と表す場合もある。1は「五十歩百歩」、3は「画竜点睛に欠く」、4は「案ずるより産むが易し」、5は「水泡に帰する」の故事成語の意味である。

語の使い方

文法

Ⅰ　品詞の種類

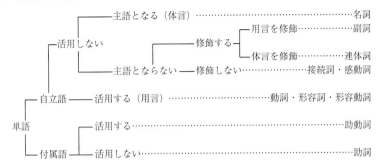

名詞…主語となる（体言）………………………名詞
副詞…用言を修飾………………副詞
連体詞…体言を修飾…………連体詞
接続詞・感動詞…修飾しない………接続詞・感動詞
活用しない —主語となる（体言）
活用しない —主語とならない —修飾する —用言を修飾
—体言を修飾
自立語 —活用する（用言）………………………動詞・形容詞・形容動詞
単語
付属語 —活用する……………………………………助動詞
—活用しない…………………………………助詞

Ⅱ　動詞の活用形

活用	基本	語幹	未然	連用	終止	連体	仮定	命令
五段	読む	読	ま　も	み	む	む	め	め
上一段	見る	見	み	み	みる	みる	みれ	みよ
下一段	捨てる	捨	て	て	てる	てる	てれ	てよ　てろ
カ変	来る	来	こ	き	くる	くる	くれ	こい
サ変	する	す	さ　し　せ	し	する	する	すれ	せよ　しろ
	主な接続語		ナイ　ウ・ヨウ	マス　テ・タ	言い切る	コト　トキ	バ	命令

Ⅲ　形容詞の活用形

基本	語幹	未然	連用	終止	連体	仮定	命令
美しい	うつくし	かろ	かっ　く	い	い	けれ	○
主な用法		ウ	ナル　タ	言い切る	体言	バ	

Ⅳ　形容動詞の活用形

基本	語幹	未然	連用	終止	連体	仮定	命令
静かだ	静か	だろ	だっ　で　に	だ	な	なら	○
主な用法		ウ	タ　アル　ナル	言い切る	体言	バ	

V 文の成分

主語・述語の関係………花が — 咲いた。

修飾・被修飾の関係……きれいな — 花。

接続の関係………………花が咲いた<u>ので</u>，花見をした。

並立の関係………………<u>赤い花と白い花</u>。

補助の関係………………花が<u>咲いている</u>。（二文節で述語となっている）

〈<u>副詞</u>〉自立語で活用せず，単独で文節を作り，多く連用修飾語を作る。

状態を表すもの…………ついに・さっそく・しばらく・ぴったり・すっ
かり

程度を表すもの…………もっと・すこし・ずいぶん・ちょっと・ずっと

陳述の副詞………………決して～ない・なぜ～か・たぶん～だろう・も
し～ば

〈<u>助動詞</u>〉付属語で活用し，主として用言や他の助動詞について意味を添
える。

① 使役……せる・させる（学校に行か<u>せる</u>　服を着<u>させる</u>）

② 受身……れる・られる（先生に怒ら<u>れる</u>　人に見<u>られる</u>）

③ 可能……れる・られる（歩いて行か<u>れる</u>距離　まだ着<u>られる</u>服）

④ 自発……れる・られる（ふと思い出さ<u>れる</u>　容態が案じ<u>られる</u>）

⑤ 尊敬……れる・られる（先生が話さ<u>れる</u>　先生が来<u>られる</u>）

⑥ 過去・完了……た（話を聞い<u>た</u>　公園で遊ん<u>だ</u>）

⑦ 打消……ない・ぬ（僕は知ら<u>ない</u>　知ら<u>ぬ</u>存ぜ<u>ぬ</u>）

⑧ 推量……だろう・そうだ（晴れる<u>だろう</u>　晴れ<u>そうだ</u>）

⑨ 意志……う・よう（旅行に行こ<u>う</u>　彼女に告白し<u>よう</u>）

⑩ 様態……そうだ（雨が降り<u>そうだ</u>）

⑪ 希望……たい・たがる（いっぱい遊び<u>たい</u>　おもちゃを欲し<u>がる</u>）

⑫ 断定……だ（悪いのは相手の方<u>だ</u>）

⑬ 伝聞……そうだ（試験に合格した<u>そうだ</u>）

⑭ 推定……らしい（明日は雨<u>らしい</u>）

⑮ 丁寧……です・ます（それはわたし<u>です</u>　ここにあり<u>ます</u>）

⑯ 打消推量・打消意志……まい（そんなことはある<u>まい</u>　けっして言
う<u>まい</u>）

〈助詞〉付属語で活用せず，ある語について，その語と他の語との関係を
補助したり，意味を添えたりする。
① 格助詞……主として体言に付き，その語と他の語の関係を示す。
　　→が・の・を・に・へ・と・から・より・で・や
② 副助詞……いろいろな語に付いて，意味を添える。
　　→は・も・か・こそ・さえ・でも・しか・まで・ばかり・だけ・など
③ 接続助詞……用言・活用語に付いて，上と下の文節を続ける。
　　→ば・けれども・が・のに・ので・ても・から・たり・ながら
④ 終助詞……文末（もしくは文節の切れ目）に付いて意味を添える。
　　→なあ（感動）・よ（念押し）・な（禁止）・か（疑問）・ね（念押し）

演習問題

1 次のア～オのうち，下線部の表現が適切でないものはどれか。
1 彼はいつもまわりに愛嬌をふりまいて，場を和やかにしてくれる。
2 的を射た説明によって，よく理解することができた。
3 舌先三寸で人をまるめこむのではなく，誠実に説明する。
4 この重要な役目は，彼女に白羽の矢が当てられた。
5 二の舞を演じないように，失敗から学ばなくてはならない。

2 次の文について，言葉の用法として適切なものはどれか。
1 矢折れ刀尽きるまで戦う。
2 ヘルプデスクに電話したが「分かりません」と繰り返すだけで取り付
く暇もなかった。
3 彼の言動は肝に据えかねる。
4 彼は証拠にもなく何度も賭け事に手を出した。
5 適切なものはない。

3 下線部の言葉の用法として適切なものはどれか。
1 彼はのべつ暇なく働いている。
2 あの人の言動は常軌を失っている。
3 彼女は熱に泳がされている。
4 彼らの主張に対して間髪をいれずに反論した。
5 彼女の自分勝手な振る舞いに顔をひそめた。

次の文で，下線部が適切でないものはどれか。

1 ぼくの目標は，兄より早く走れるように<u>なること</u>です。

2 先生の<u>おっしゃること</u>をよく聞くのですよ。

3 昨日は家で本を読んだり，テレビを<u>見て</u>いました。

4 風にざわめく木々は，まるで私たちにあいさつをして<u>いるようだった</u>。

5 先生の業績については，よく<u>存じております</u>。

５ 下線部の言葉の用法が適切でないものはどれか。

1 <u>急いては事を仕損じる</u>ので，マイペースを心がける。

2 彼女は<u>目端が利く</u>。

3 <u>世知辛い</u>世の中になったものだ。

4 安全を<u>念頭に置いて</u>作業を進める。

5 次の試験に<u>標準を合わせて</u>勉強に取り組む。

○○○解答・解説○○○

１ 4

解説 1の「愛嬌をふりまく」は，おせじなどをいい，明るく振る舞うこと，2の「的を射る」は的確に要点をとらえること，3の「舌先三寸」は口先だけの巧みに人をあしらう弁舌のこと，4はたくさんの中から選びだされるという意味だが，「白羽の矢が当てられた」ではなく，「白羽の矢が立った」が正しい。5の「二の舞を演じる」は他人がした失敗を自分もしてしまうという意味である。

２ 5

解説 1「刀折れ矢尽きる」が正しく，「なす術がなくなる」という意味である。　2 話を進めるきっかけが見つからない。すがることができない，という意味になるのは「取り付く島がない」が正しい。　3 「言動」という言葉から，「我慢できなくなる」という意味の言葉を使う必要がある。「腹に据えかねる」が正しい。　4 「何度も賭け事に手を出した」という部分から「こりずに」という意味の「性懲りもなく」が正しい。

3 4

解説 1「のべつ幕なしに」，2は「常軌を逸している」，3は「熱に浮か
されている」，5は「眉をひそめた」が正しい。

4 3

解説 3は前に「読んだり」とあるので，後半も「見たり」にしなけれ
ばならないが，「見ていました」になっているので表現として適当とはい
えない。

5 5

解説 5は，「狙う，見据える」という意味の「照準」を使い，「照準を
合わせて」と表記するのが正しい。

非言語分野

計算式・不等式

演習問題

1. 分数 $\dfrac{30}{7}$ を小数で表したとき，小数第100位の数字として正しいものはどれか。
   1　1　　2　2　　3　4　　4　5　　5　7

2. $x = \sqrt{2} - 1$ のとき，$x + \dfrac{1}{x}$ の値として正しいものはどれか。
   1　$2\sqrt{2}$　　2　$2\sqrt{2} - 2$　　3　$2\sqrt{2} - 1$　　4　$3\sqrt{2} - 3$
   5　$3\sqrt{2} - 2$

3. 360の約数の総和として正しいものはどれか。
   1　1060　　2　1170　　3　1250　　4　1280　　5　1360

4. $\dfrac{x}{2} = \dfrac{y}{3} = \dfrac{z}{5}$ のとき，$\dfrac{x - y + z}{3x + y - z}$ の値として正しいものはどれか。

   1　-2　　2　-1　　3　$\dfrac{1}{2}$　　4　1　　5　$\dfrac{3}{2}$

5. $\dfrac{\sqrt{2}}{\sqrt{2} - 1}$ の整数部分を a，小数部分を b とするとき，$a \times b$ の値として正しいものは次のうちどれか。
   1　$\sqrt{2}$　　2　$2\sqrt{2} - 2$　　3　$2\sqrt{2} - 1$　　4　$3\sqrt{2} - 3$
   5　$3\sqrt{2} - 2$

6. $x = \sqrt{5} + \sqrt{2}$，$y = \sqrt{5} - \sqrt{2}$ のとき，$x^2 + xy + y^2$ の値として正しいものはどれか。
   1　15　　2　16　　3　17　　4　18　　5　19

7 $\dfrac{\sqrt{2}}{\sqrt{2}-1}$ の整数部分を a, 小数部分を b とするとき, b^2 の値として正しいものはどれか。

   1 $2-\sqrt{2}$ 2 $1+\sqrt{2}$ 3 $2+\sqrt{2}$ 4 $3+\sqrt{2}$

   5 $3-2\sqrt{2}$

8 ある中学校の生徒全員のうち, 男子の7.5%, 女子の6.4%を合わせて37人がバドミントン部員であり, 男子の2.5%, 女子の7.2%を合わせて25人が吹奏楽部員である。この中学校の女子全員の人数は何人か。

   1 246人   2 248人   3 250人   4 252人   5 254人

9 連続した3つの正の偶数がある。その小さい方2数の2乗の和は, 一番大きい数の2乗に等しいという。この3つの数のうち, 最も大きい数として正しいものはどれか。

   1 6   2 8   3 10   4 12   5 14

○○○解答・解説○○○

1 5

解説 実際に30を7で割ってみると,
$\dfrac{30}{7}=4.28571428571\cdots\cdots$ となり, 小数点以下は, 6つの数字 "285714" が繰り返されることがわかる。$100\div 6=16$ 余り4だから, 小数第100位は, "285714" のうちの4つ目の "7" である。

2 1

解説 $x=\sqrt{2}-1$ を $x+\dfrac{1}{x}$ に代入すると,

$$x+\dfrac{1}{x}=\sqrt{2}-1+\dfrac{1}{\sqrt{2}-1}=\sqrt{2}-1+\dfrac{\sqrt{2}+1}{(\sqrt{2}-1)(\sqrt{2}+1)}$$

$$=\sqrt{2}-1+\dfrac{\sqrt{2}+1}{2-1}$$

$$=\sqrt{2}-1+\sqrt{2}+1=2\sqrt{2}$$

3 2

解説 360を素因数分解すると，$360 = 2^3 \times 3^2 \times 5$ であるから，約数の総和は $(1 + 2 + 2^2 + 2^3)(1 + 3 + 3^2)(1 + 5) = (1 + 2 + 4 + 8)(1 + 3 + 9)(1 + 5) = 15 \times 13 \times 6 = 1170$ である。

4 4

解説 $\dfrac{x}{2} = \dfrac{y}{3} = \dfrac{z}{5} = A$ とおく。

$x = 2A$, $y = 3A$, $z = 5A$ となるから，

$x - y + z = 2A - 3A + 5A = 4A$, $3x + y - z = 6A + 3A - 5A = 4A$

したがって，$\dfrac{x - y + z}{3x + y - z} = \dfrac{4A}{4A} = 1$ である。

5 4

解説 分母を有理化する。

$\dfrac{\sqrt{2}}{\sqrt{2} - 1} = \dfrac{\sqrt{2}(\sqrt{2} + 1)}{(\sqrt{2} - 1)(\sqrt{2} + 1)} = \dfrac{2 + \sqrt{2}}{2 - 1} = 2 + \sqrt{2} = 2 + 1.414\cdots = 3.414\cdots$

であるから，$a = 3$ であり，$b = (2 + \sqrt{2}) - 3 = \sqrt{2} - 1$ となる。

したがって，$a \times b = 3(\sqrt{2} - 1) = 3\sqrt{2} - 3$

6 3

解説 $(x + y)^2 = x^2 + 2xy + y^2$ であるから，

$x^2 + xy + y^2 = (x + y)^2 - xy$ と表せる。

ここで，$x + y = (\sqrt{5} + \sqrt{2}) + (\sqrt{5} - \sqrt{2}) = 2\sqrt{5}$,

$\qquad xy = (\sqrt{5} + \sqrt{2})(\sqrt{5} - \sqrt{2}) = 5 - 2 = 3$

であるから，求める $(x + y)^2 - xy = (2\sqrt{5})^2 - 3 = 20 - 3 = 17$

7 5

解説 分母を有理化すると，

$\dfrac{\sqrt{2}}{\sqrt{2} - 1} = \dfrac{\sqrt{2}(\sqrt{2} + 1)}{(\sqrt{2} - 1)(\sqrt{2} + 1)} = \dfrac{2 + \sqrt{2}}{2 - 1} = 2 + \sqrt{2}$

$\sqrt{2} = 1.4142\cdots\cdots$ であるから，$2 + \sqrt{2} = 2 + 1.4142\cdots\cdots = 3.14142\cdots\cdots$

したがって，$a = 3$, $b = 2 + \sqrt{2} - 3 = \sqrt{2} - 1$ といえる。

したがって，$b^2 = (\sqrt{2} - 1)^2 = 2 - 2\sqrt{2} + 1 = 3 - 2\sqrt{2}$である。

$\boxed{8}$ 3

解説 男子全員の人数を x，女子全員の人数を y とする。

$0.075x + 0.064y = 37 \cdots ①$

$0.025x + 0.072y = 25 \cdots ②$

① $-$ ② $\times 3$ より

$$-)\ \begin{cases} 0.075x + 0.064y = 37 \cdots ① \\ 0.075x + 0.216y = 75 \cdots ②' \end{cases}$$
$$-0.152y = -38$$

$\therefore \quad 152y = 38000 \qquad \therefore \quad y = 250 \quad x = 280$

よって，女子全員の人数は250人。

$\boxed{9}$ 3

解説 3つのうちの一番小さいものを $x(x>0)$ とすると，連続した3つの正の偶数は，x，$x+2$，$x+4$ であるから，与えられた条件より，次の式が成り立つ。$x^2+(x+2)^2=(x+4)^2$　かっこを取って，$x^2+x^2+4x+4=x^2+8x+16$　整理して，$x^2-4x-12=0$　よって，$(x+2)(x-6)=0$　よって，$x=-2,\ 6$　$x>0$ だから，$x=6$ である。したがって，3つの偶数は，6，8，10である。このうち最も大きいものは，10である。

演習問題

1 家から駅までの道のりは30kmである。この道のりを，初めは時速5km，途中から，時速4kmで歩いたら，所要時間は7時間であった。時速5kmで歩いた道のりとして正しいものはどれか。

 1 8km 2 10km 3 12km 4 14km 5 15km

2 横の長さが縦の長さの2倍である長方形の厚紙がある。この厚紙の四すみから，一辺の長さが4cmの正方形を切り取って，折り曲げ，ふたのない直方体の容器を作る。その容積が64cm³のとき，もとの厚紙の縦の長さとして正しいものはどれか。

 1 $6-2\sqrt{3}$ 2 $6-\sqrt{3}$ 3 $6+\sqrt{3}$ 4 $6+2\sqrt{3}$
 5 $6+3\sqrt{3}$

3 縦50m，横60mの長方形の土地がある。この土地に，図のような直角に交わる同じ幅の通路を作る。通路の面積を土地全体の面積の $\dfrac{1}{3}$ 以下にするには，通路の幅を何m以下にすればよいか。

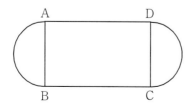

 1 8m 2 8.5m 3 9m 4 10m
 5 10.5m

4 下の図のような，曲線部分が半円で，1周の長さが240mのトラックを作る。中央の長方形ABCDの部分の面積を最大にするには，直線部分ADの長さを何mにすればよいか。次から選べ。

A   D

B   C

 1 56m 2 58m 3 60m 4 62m 5 64m

5 AとBの2つのタンクがあり，Aには8m³，Bには5m³の水が入っている。Aには毎分1.2m³，Bには毎分0.5m³ずつの割合で同時に水を入れ始めると，Aの水の量がBの水の量の2倍以上になるのは何分後からか。正しいものはどれか。

　　1　8分後　　　2　9分後　　　3　10分後　　　4　11分後　　　5　12分後

○○○解答・解説○○○

1 2

解説　　時速5kmで歩いた道のりを$x$kmとすると，時速4kmで歩いた道のりは，$(30-x)$kmであり，時間＝距離÷速さ　であるから，次の式が成り立つ。

$$\frac{x}{5}+\frac{30-x}{4}=7$$

両辺に20をかけて，$4x+5(30-x)=7\times20$

整理して，$4x+150-5x=140$

　　よって，$x=10$　である。

2 4

解説　　厚紙の縦の長さを$x$cmとすると，横の長さは$2x$cmである。また，このとき，容器の底面は，縦$(x-8)$cm，横$(2x-8)$cmの長方形で，容器の高さは4cmである。

厚紙の縦，横，及び，容器の縦，横の長さは正の数であるから，

　　$x>0$，$x-8>0$，$2x-8>0$

すなわち，$x>8$……①

容器の容積が64cm³であるから，

$4(x-8)(2x-8)=64$となり，

　　$(x-8)(2x-8)=16$

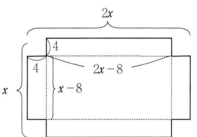

これより，$(x-8)(x-4)=8$

$x^2-12x+32=8$となり，$x^2-12x+24=0$

よって，$x=6\pm\sqrt{6^2-24}=6\pm\sqrt{12}=6\pm2\sqrt{3}$

このうち①を満たすものは，$x=6+2\sqrt{3}$

3 4

解説 通路の幅をxmとすると，$0<x<50$……①
また，$50x+60x-x^2\leqq1000$
よって，$(x-10)(x-100)\geqq0$
したがって，$x\leqq10$，$100\leqq x$……②
①②より，$0<x\leqq10$　つまり，10m以下。

4 3

解説 直線部分ADの長さをxmとおくと，$0<2x<240$より，
xのとる値の範囲は，$0<x<120$である。

半円の半径をrmとおくと，
$2\pi r=240-2x$より，
$$r=\frac{120}{\pi}-\frac{x}{\pi}=\frac{1}{\pi}(120-x)$$
長方形ABCDの面積をym²とすると，
$$y=2r\cdot x=2\cdot\frac{1}{\pi}(120-x)x$$
$$=-\frac{2}{\pi}(x^2-120x)$$
$$=-\frac{2}{\pi}(x-60)^2+\frac{7200}{\pi}$$

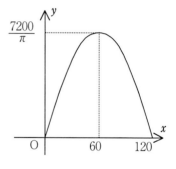

この関数のグラフは，図のようになる。yは$x=60$のとき最大となる。

5 3

解説 x分後から2倍以上になるとすると，題意より次の不等式が成り立つ。
$$8+1.2x\geqq2(5+0.5x)$$
かっこをはずして，$8+1.2x\geqq10+x$
整理して，$0.2x\geqq2$　よって，$x\geqq10$
つまり10分後から2倍以上になる。

組み合わせ・確率

演習問題

$\boxed{1}$ 1個のさいころを続けて3回投げるとき，目の和が偶数になるような場合は何通りあるか。正しいものを選べ。

 1 106通り 2 108通り 3 110通り 4 112通り
 5 115通り

$\boxed{2}$ A，B，C，D，E，Fの6人が2人のグループを3つ作るとき，AとBが同じグループになる確率はどれか。正しいものを選べ。

 1 $\dfrac{1}{6}$ 2 $\dfrac{1}{5}$ 3 $\dfrac{1}{4}$ 4 $\dfrac{1}{3}$ 5 $\dfrac{1}{2}$

○○○解答・解説○○○

$\boxed{1}$ 2

解説 和が偶数になるのは，3回とも偶数の場合と，偶数が1回で，残りの2回が奇数の場合である。さいころの目は，偶数と奇数はそれぞれ3個だから，

 (1) 3回とも偶数：$3 \times 3 \times 3 = 27$〔通り〕
 (2) 偶数が1回で，残りの2回が奇数
  ・偶数/奇数/奇数：$3 \times 3 \times 3 = 27$〔通り〕
  ・奇数/偶数/奇数：$3 \times 3 \times 3 = 27$〔通り〕
  ・奇数/奇数/偶数：$3 \times 3 \times 3 = 27$〔通り〕

したがって，合計すると，$27 + (27 \times 3) = 108$〔通り〕である。

$\boxed{2}$ 2

解説 A，B，C，D，E，Fの6人が2人のグループを3つ作るときの，すべての作り方は$\dfrac{_6C_2 \times _4C_2}{3!} = 15$通り。このうち，AとBが同じグループになるグループの作り方は$\dfrac{_4C_2}{2!} = 3$通り。よって，求める確率は$\dfrac{3}{15} = \dfrac{1}{5}$である。

演習問題

1 次の図で，直方体ABCD－EFGHの辺 AB，BCの中点をそれぞれ M，Nとする。この直方体を3点M，F，Nを通る平面で切り，頂点B を含むほうの立体をとりさる。AD＝DC ＝8cm，AE＝6cmのとき，△MFNの 面積として正しいものはどれか。

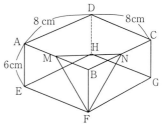

1 $3\sqrt{22}$ 〔cm²〕 2 $4\sqrt{22}$ 〔cm²〕
3 $5\sqrt{22}$ 〔cm²〕 4 $4\sqrt{26}$ 〔cm²〕
5 $4\sqrt{26}$ 〔cm²〕

2 右の図において，四角形ABCDは円に内 接しており，弧BC＝弧CDである。AB，AD の延長と点Cにおけるこの円の接線との交点 をそれぞれP，Qとする。AC＝4cm，CD＝ 2cm，DA＝3cmとするとき，△BPCと△ APQの面積比として正しいものはどれか。

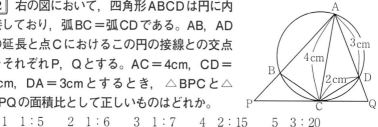

1 1:5 2 1:6 3 1:7 4 2:15 5 3:20

3 1辺の長さが15のひし形がある。その対角線の長さの差は6である。 このひし形の面積として正しいものは次のどれか。

1 208 2 210 3 212 4 214 5 216

4 右の図において，円C_1の 半径は2，円C_2の半径は5，2 円の中心間の距離はO_1O_2＝9 である。2円の共通外接線lと2 円C_1, C_2との接点をそれぞれA, Bとするとき，線分ABの長さ として正しいものは次のどれ か。

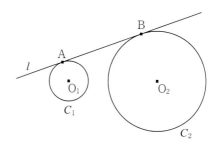

1 $3\sqrt{7}$ 2 8 3 $6\sqrt{2}$ 4 $5\sqrt{3}$ 5 $4\sqrt{5}$

5 下の図において，点Eは，平行四辺形ABCDの辺BC上の点で，AB
＝AEである。また，点Fは，線分AE上の点で，∠AFD＝90°である。
∠ABE＝70°のとき，∠CDFの大きさとして正しいものはどれか。

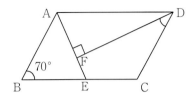

　1　48°　　2　49°　　3　50°　　4　51°　　5　52°

6 底面の円の半径が4で，母線の長さが
12の直円すいがある。この円すいに内接
する球の半径として正しいものは次のど
れか。

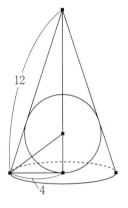

　1　$2\sqrt{2}$

　2　3

　3　$2\sqrt{3}$

　4　$\dfrac{8}{3}\sqrt{2}$

　5　$\dfrac{8}{3}\sqrt{3}$

○○○解答・解説○○○

1 2

解説 △MFNはMF＝NFの二等辺三角形。MB＝$\dfrac{8}{2}$＝4, BF＝6より，
$MF^2＝4^2＋6^2＝52$

また，MN＝$4\sqrt{2}$

FからMNに垂線FTを引くと，△MFTで三平方の定理より，

$FT^2＝MF^2－MT^2＝52－\left(\dfrac{4\sqrt{2}}{2}\right)^2＝52－8＝44$

よって，FT＝$\sqrt{44}＝2\sqrt{11}$

したがって，△MFN＝$\dfrac{1}{2}\cdot 4\sqrt{2}\cdot 2\sqrt{11}＝4\sqrt{22}$〔cm²〕

2 3

解説 ∠PBC＝∠CDA，∠PCB＝∠BAC＝∠CADから，

△BPC∽△DCA

相似比は2：3，面積比は，4：9

また，△CQD∽△AQCで，相似比は1：2，面積比は1：4

したがって，△DCA：△AQC＝3：4

よって，△BPC：△DCA：△AQC＝4：9：12

さらに，△BPC∽△CPAで，相似比1：2，面積比1：4

よって，△BPC：△APQ＝4：（16＋12）＝4：28＝1：7

3 5

解説 対角線のうちの短い方の長さの半分の長さをxとすると，長い方の対角線の長さの半分は，$(x+3)$と表せるから，三平方の定理より次の式がなりたつ。

$$x^2 + (x+3)^2 = 15^2$$

整理して，$2x^2 + 6x - 216 = 0$　よって，$x^2 + 3x - 108 = 0$

$(x-9)(x+12)=0$より，$x=9, -12$　xは正だから，$x=9$である。

したがって，求める面積は，$4 \times \dfrac{9 \times (9+3)}{2} = 216$

4 5

解説　円の接線と半径より

$O_1A \perp l$，$O_2B \perp l$であるから，

点O_1から線分O_2Bに垂線O_1Hを

下ろすと，四角形AO_1HBは長方

形で，

　$HB = O_1A = 2$だから，

$O_2H = 3$

△O_1O_2Hで三平方の定理より，

　$O_1H = \sqrt{9^2 - 3^2} = 6\sqrt{2}$

　　よって，$AB = O_1H = 6\sqrt{2}$

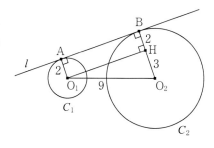

5 3

解説 ∠AEB = ∠ABE = 70° より，∠AEC = 180 − 70 = 110°
また，∠ABE + ∠ECD = 180° より，∠ECD = 110°
四角形FECDにおいて，四角形の内角の和は360° だから，

∠CDF = 360° − (90° + 110° + 110°) = 50°

6 1

解説 円すいの頂点をA，球の中心を
O，底面の円の中心をHとする。3点A，O，
Hを含む平面でこの立体を切断すると，
断面は図のような二等辺三角形とその内
接円であり，求めるものは内接円の半径
OHである。

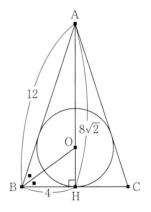

△ABHで三平方の定理より，
　　AH=$\sqrt{12^2 - 4^2} = 8\sqrt{2}$

　　Oは三角形ABCの内心だから，BO
は∠ABHの2等分線である。

　　よって，AO : OH = BA : BH = 3 : 1

OH = $\frac{1}{4}$ AH = $2\sqrt{2}$

●情報提供のお願い●

　就職活動研究会では，就職活動に関する情報を募集しています。

　エントリーシートやグループディスカッション，面接，筆記試験の内容等について情報をお寄せください。ご応募はメールアドレス（edit@kyodo-s.jp）へお願いいたします。お送りくださいました方々には薄謝をさしあげます。

　ご協力よろしくお願いいたします。

会社別就活ハンドブックシリーズ

TISの
就活ハンドブック

編　者　就職活動研究会

発　行　令和6年2月25日

発行者　小貫輝雄

発行所　協同出版株式会社

〒101−0054
東京都千代田区神田錦町2−5
　電話　03−3295−1341
　振替　東京00190−4−94061

印刷所　協同出版・POD工場

落丁・乱丁はお取り替えいたします

●2025年度版●
会社別就活ハンドブックシリーズ

【全111点】

運　輸

東日本旅客鉄道の就活ハンドブック	小田急電鉄の就活ハンドブック
東海旅客鉄道の就活ハンドブック	阪急阪神 HD の就活ハンドブック
西日本旅客鉄道の就活ハンドブック	商船三井の就活ハンドブック
東京地下鉄の就活ハンドブック	日本郵船の就活ハンドブック

機　械

三菱重工業の就活ハンドブック	浜松ホトニクスの就活ハンドブック
川崎重工業の就活ハンドブック	村田製作所の就活ハンドブック
IHI の就活ハンドブック	クボタの就活ハンドブック
島津製作所の就活ハンドブック	

金　融

三菱 UFJ 銀行の就活ハンドブック	野村證券の就活ハンドブック
三菱 UFJ 信託銀行の就活ハンドブック	りそなグループの就活ハンドブック
みずほ FG の就活ハンドブック	ふくおか FG の就活ハンドブック
三井住友銀行の就活ハンドブック	日本政策投資銀行の就活ハンドブック
三井住友信託銀行の就活ハンドブック	

建設・不動産

三菱地所の就活ハンドブック	鹿島建設の就活ハンドブック
三井不動産の就活ハンドブック	大成建設の就活ハンドブック
積水ハウスの就活ハンドブック	清水建設の就活ハンドブック
大和ハウス工業の就活ハンドブック	

資源・素材

旭旭化成グループの就活ハンドブック	関西電力の就活ハンドブック
東レの就活ハンドブック	日本製鉄の就活ハンドブック
ワコールの就活ハンドブック	中部電力の就活ハンドブック

九州電力の就活ハンドブック

自動車

トヨタ自動車の就活ハンドブック　　　デンソーの就活ハンドブック

本田技研工業の就活ハンドブック　　　日産自動車の就活ハンドブック

商　社

三菱商事の就活ハンドブック　　　　　伊藤忠商事の就活ハンドブック

住友商事の就活ハンドブック　　　　　双日の就活ハンドブック

丸紅の就活ハンドブック　　　　　　　豊田通商の就活ハンドブック

三井物産の就活ハンドブック

情報通信・IT

NTT データの就活ハンドブック　　　サイバーエージェントの就活ハンドブック

NTT ドコモの就活ハンドブック　　　LINE ヤフーの就活ハンドブック

野村総合研究所の就活ハンドブック　　SCSK の就活ハンドブック

日本電信電話の就活ハンドブック　　　富士ソフトの就活ハンドブック

KDDI の就活ハンドブック　　　　　　日本オラクルの就活ハンドブック

ソフトバンクの就活ハンドブック　　　GMO インターネットグループ

楽天の就活ハンドブック　　　　　　　オービックの就活ハンドブック

mixi の就活ハンドブック　　　　　　　DTS の就活ハンドブック

グリーの就活ハンドブック　　　　　　TIS の就活ハンドブック

食品・飲料

サントリー HD の就活ハンドブック　　日本たばこ産業 の就活ハンドブック

味の素の就活ハンドブック　　　　　　日清食品グループの就活ハンドブック

キリン HD の就活ハンドブック　　　　山崎製パンの就活ハンドブック

アサヒグループ HD の就活ハンドブック　キューピーの就活ハンドブック

生活用品

資生堂の就活ハンドブック　　　　　　武田薬品工業の就活ハンドブック

花王の就活ハンドブック

電気機器

三菱電機の就活ハンドブック	パナソニックの就活ハンドブック
ダイキン工業の就活ハンドブック	富士通の就活ハンドブック
ソニーの就活ハンドブック	キヤノンの就活ハンドブック
日立製作所の就活ハンドブック	京セラの就活ハンドブック
ＮＥＣの就活ハンドブック	オムロンの就活ハンドブック
富士フイルム HD の就活ハンドブック	キーエンスの就活ハンドブック

保　険

東京海上日動火災保険の就活ハンドブック	三井住友海上火災保険の就活ハンドブック
第一生命ホールディングスの就活ハンドブック	損保ジャパンの就活ハンドブック

メディア

日本印刷の就活ハンドブック	エイベックスの就活ハンドブック
博報堂 DY の就活ハンドブック	東宝の就活ハンドブック
TOPPAN ホールディングスの就活ハンドブック	

流通・小売

ニトリ HD の就活ハンドブック	ZOZO の就活ハンドブック
イオンの就活ハンドブック	

エンタメ・レジャー

オリエンタルランドの就活ハンドブック	任天堂の就活ハンドブック
アシックスの就活ハンドブック	カプコンの就活ハンドブック
バンダイナムコ HD の就活ハンドブック	セガサミー HD の就活ハンドブック
コナミグループの就活ハンドブック	タカラトミーの就活ハンドブック
スクウェア・エニックス HD の就活ハンドブック	

▼会社別就活ハンドブックシリーズにつきましては，協同出版のホームページからもご注文ができます。詳細は下記のサイトでご確認下さい。

https://kyodo-s.jp/examination_company